EXERCICES
SUPPLÉMENTAIRES.

(SECONDE ANNÉE.)

CONDAMNATIONS POUR DÉBIT DE CONTREFAÇONS
DES OUVRAGES DE MM. NOEL ET CHAPSAL.

———

JUGEMENT du Tribunal correctionnel d'Amiens, confirmé par arrêt de la Cour royale, qui condamne MM. BARBOU, imprimeur-libraire à Limoges, et CARON-VITET, imprimeur-libraire à Amiens, à 3,000 fr. de dommages-intérêts pour débit de contrefaçons de la *Nouvelle Grammaire française*, des *Exercices français*, etc.

JUGEMENT de la Cour royale de Metz, qui condamne M. MARTIAL ARDANT, imprimeur-libraire à Limoges, à 3,000 fr. de dommages-intérêts envers M. Chapsal, à l'amende et aux frais.

JUGEMENT du Tribunal correctionnel de Lille, qui condamne M. PETITOT, libraire à Lille, à 2,000 fr. d'amende, aux dommages-intérêts envers M. Chapsal, et aux frais.

JUGEMENT du Tribunal correctionnel de Verdun, qui condamne la dame VILLET, libraire de cette ville, à 2,000 fr. d'amende, etc.

———

Les exemplaires voulus par la loi ont été déposés à la direction de l'Imprimerie.

Les exemplaires non revêtus de la signature de l'auteur seront réputés contrefaits, et tout contrefacteur ou débitant de contrefaçons de cet ouvrage sera poursuivi suivant la rigueur des lois.

Cet ouvrage se trouve aussi chez M. CHAPSAL, rue du Bac, 96.

N. B. Les lettres non affranchies ne seront pas reçues.

Paris. Imp. de BOURGOGNE et MARTINET, rue Jacob, 30.

EXERCICES FRANÇAIS

SUPPLÉMENTAIRES

SUR

TOUTES LES DIFFICULTÉS DE LA SYNTAXE;

OU

SUITE

AUX EXERCICES FRANÇAIS SUR L'ORTHOGRAPHE,
LA SYNTAXE ET LA PONCTUATION;

PAR M. CHAPSAL,

PROFESSEUR DE GRAMMAIRE GÉNÉRALE.

Quatrième édition.

PARIS.

MAIRE-NYON, libraire, quai Conti, 13.
RORET, libraire, rue Hautefeuille, 10 *bis*.
HACHETTE, libraire, rue Pierre-Sarrazin, 12.
DELALAIN, rue des Mathurins Saint-Jacques, 5.
1846.

EXERCICES FRANÇAIS

SUPPLÉMENTAIRES.

CHAPITRE PREMIER.

SUBSTANTIF ; ARTICLE.

1. C'est à saint Ambroise qu'on doit l'hymne qui
st encore consacré aujourd'hui dans nos églises à
élébrer la victoire.

2. De tous les réveille-matins, le remords est le
lus fâcheux et le plus terrible.

3. Il est permis de n'être pas une aigle, mais on
oit avoir du bon sens.

4. Les rois de Perse voulaient trouver jusque dans
n camp tous les délices dont ils jouissaient dans
urs palais.

5. Un livre curieux serait celui dans lequel on ne
rouverait pas des erreurs ou des mensonges.

6. La plupart des amitiés sont hérissées de si, de
eut-êtres et de mais, qui annoncent combien elles
ront peu durables.

7. Plus les exemples tombent de haut, plus elles
nt une impression profonde.

8. A Coimbre, en Portugal, il y a, dit-on, plus
e quatre mille étudiants dont la principale occupa-
on est de faire des cures-dent.

9. Un véritable roi qu'opprime un sort contraire
Garde toujours son noble et son saint caractère.

10. Il y a dans l'hypocrisie quelque chose de si
ile, que c'est de tous les vices celui qui répugne le
lus à toutes les honnêtes gens.

11. Nous n'attribuons aucun des chef-d'œuvres de l'homme au hasard ; comment croire que lui-même en soit l'enfant ?

12. Fuyez des concetti l'inutile fracas.

13. Ce bibliomane est possesseur de plus de trois cents in-folios ornés de magnifiques gravures.

14. Les eaux le plus tranquilles cachent souvent les gouffres le plus dangereux.

15. Les plus savants des hommes, les Socrates, les Platons, les Newtons, ont été aussi les plus religieux.

16. Nos arrières-neveux nous jugeront comme nous jugeons nos aïeux.

17. Combien voit-on dans notre société moderne des hommes sans croyances, sans principes et sans affections.

18. L'Église chante encore aujourd'hui les hymnes composés par Robert, roi de France.

19. Nos dilettantis sont des musiciens amateurs à qui il ne manque souvent que du goût et des oreilles.

20. L'amour-propre se plie à tout ; c'est le plus souple et le plus ingénieux des Protée.

21. . . . . . La vieillesse ombrageuse et sévère,
    En des vagues soupçons se plaît à s'égarer.

22. Les bons esprits préfèrent les mezzos-termi-nés aux chances d'un procès.

23. Les terres-pleins sont construits pour fortifier les villes de guerre.

24. Les anciennes comédies italiennes étaient rem-plies de lazzi, de quiproquo et de bouffonneries ab-surdes.

25. Rarement un ingrat ne dit pas du mal de son bienfaiteur.

26. La France a ses Rossini dont les opéra par leurs solo, leurs duo et leurs quatuor ravissants excitent l'admiration des étrangers.

27. Les orang-outang sont de tous les singes ceux qui se rapprochent le plus de l'homme.

28. Les quands, les quis, les quois pleuvant de tous côtés,
Sifflent à son oreille, en cent lieux répétés.

29. Des hymnes guerrières récitées aux Grecs avant le combat enflammaient leur courage, et les excitaient à la victoire.

30. Avoir les mêmes droits à la félicité,
C'est pour nous la parfaite et la seule égalité.

31. Les gens distraites sont exposées souvent à faire des coqs-à-l'ànes.

32. Quiconque a des vifs regrets de ses fautes est disposé à n'en pas commettre des nouvelles.

33. Tous, dans d'innocents délices,
Passaient leur jeunesse sans vices,
Et leur vieillesse sans remords.

34 En aucun temps on ne chanta autant de Te Deums que sous l'empire.

35. Parmi les plus grands hommes on citera toujours avec honneur les Socrates, les Catons, les Sullys et les Lamoignons.

36. Ces amours bouffies et joufflues qu'on trouve en si grand nombre peintes ou sculptées dans quelques châteaux sont dans le goût du siècle de Louis XV.

37. L'ancien et nouveau continent paraissent avoir été rongés par l'Océan.

38. Point de ces gens que Dieu confonde,
De ces sots dont Paris abonde,
Et qu'on nomme de beaux-esprits
Vendeurs de fumée à tout prix.

39. Les quadrupèdes appelés porc-épic ont le corps armé de piquants mobiles qu'ils dressent pour se défendre.

40. Que d'évènements fâcheux ont eu pour cause des quiproquo !

41. Si Rome a eu ses Cicérons, ses Virgiles et ses Horaces, la France a eu ses Bossuets, ses Racines et ses Voltaires.

42. Saint Jérôme dit qu'il y avait, à Jérusalem, une orgue qu'on entendait du mont des Olives.

43. C'est toujours auprès de ses enfants qu'une bonne et une tendre mère se trouve la plus heureuse.

44. Les premières impressions s'effacent difficilement; et tel qui a cru aux loup-garou dans son enfance, en a peur dans un âge plus avancé.

45. On trouve dans le monde littéraire mille Cotin pour un Boileau.

46. Les gens de mauvaise foi sont des pied-bot en affaires : ils marchent difficilement.

47. Ce qui rend le vice si dangereux, ce sont les délices trompeurs dont il est entouré.

48. Les hommes le plus aimables sont ceux qui choquent les moins l'amour propre des autres.

49. On tire des céréales plusieurs sortes d'eau-de-vies dont on fait usage dans les pays du nord.

50. Les post-scriptums de vos lettres renferment toujours quelque chose qui mérite d'être lue.

51. Nos plus beaux hymnes religieux datent du premier temps du christianisme.

52. Le monde est si corrompu qu'on passe pour homme de bien en ne faisant pas du mal.

53. Quand le sublime vient à éclater où il faut, il renverse tout comme une foudre.

54. Les lazzaronis forment une grande partie de la population de Naples.

55. On peut vivre heureux quand on a une fortune modeste, un couple d'amis et point d'ambition.

56. J'ai été long-temps injuste envers cet homme, et je prenais un malin plaisir à le blâmer tout haut quelque chose qu'il eût dit ou fait.

57. Les aigue-marine sont des pierres précieuses qui ont des reflets verts semblables à l'eau de la mer.

58. La ruse le mieux ourdie
Peut nuire à son inventeur.

59. Le pape entretenait autrefois pour la garde du vice-consul d'Avignon cinquante chevaux - légers vêtus de rouge.

60. La nature pourvoit à la faiblesse des enfants par l'attachement que leur portent les pères et mères.

61. La vie est un journal sur lequel on ne doit écrire que des bonnes actions.

62. La valeur d'Alexandre à peine était connue ;
Cette foudre était encore enfermée dans la nue.

63. Une couple de pigeons est suffisante pour peupler une volière.

64. Divine religion, que tes délices sont doux et qu'ils sont puissants sur les cœurs.

65. Ne me parlez pas de petits-maîtres : c'est l'espèce la plus ridicule qui rampe avec orgueil sur la surface de la terre.

66. Confier des blancs-seings même à un ami intime, est toujours imprudent ; car s'il est incapable d'en abuser, il peut les égarer.

67. Les gens le plus habiles ne sont pas toujours le plus vertueuses.

68. Je sais ce qu'il coûta de périls et de peines
Aux Condés, aux Sullys, aux Colberts, aux Turennes,
Pour avoir une place au haut de l'Hélicon.

69. Il y a des gens fort habiles à remplir des bout-rimé, qui ne feraient pas quatre vers raisonnables.

70. Qui nous a dit que de nos jours, parmi les nations policées ou barbares, on ne trouverait pas des Homère et des Lycurgue occupés des plus viles fonctions ?

71. Pensez souvent à vos père et mère ; c'est la meilleure distraction contre les pensées dangereuses.

72. Les plus belles peaux de lynx viennent d'animaux appelés loup-cervier.

73. Plusieurs de nos villes du nord sont entourées de terres-pleins soutenus par des épaisses murailles.

74. C'est dans le cœur de l'exilé que la patrie excite les plus vifs et les plus ardents amours.

75. Plus on étudie certaines sciences, plus on y trouve de l'incertitude et plus on éprouve du doute.

76. De toutes les hymnes qu'a enfantées la révolution française, une seule a échappé à l'oubli.

77. Ce musicien a composé plusieurs requiems d'un grand et d'un imposant effet.

78. A des moindres faveurs les malheureux prétendent.
Seigneur, c'est un exil que mes pleurs demandent.

79. Le foudre éclairant seul une nuit si profonde,
A sillons redoublés couvre le ciel et l'onde.

80. La défaite de Varus fit tomber un grand nombre d'aigles romains au pouvoir des Germains.

81. Après un printemps agréable et un très bel été on a souvent une automne froide et pluvieuse.

82. C'est dans le tombeau du pape Léon X que les foudres de l'Église se sont éteintes.

83. La paresse plus que la maladie, peuple les hôtels-Dieu.

84. Les lois faites pour parler à l'esprit doivent donner des préceptes et ne point donner des conseils.

85. Le héron fréquente également les rivages de la mer, les rivières et marais de l'intérieur des terres.

86. Il faut aller en Normandie pour voir des basse-cour riches et bien peuplées.

87. On doit se défier des passions, lors même qu'elles paraissent les plus raisonnables.

88. . . . . . Sur les coteaux la vigoureuse automne
Étalait les raisins dont Bacchus se couronne.

89. *Turcaret* et la *Métromanie* sont deux chefs-d'œuvres comiques dignes de Molière.

90. Rien n'est moins selon Dieu que d'appuyer tout ce qu'on dit par des longs et des fastidieux serments.

91. Il manque à Campistron ces expressions heureuses qui sont le mérite des Homères, des Virgiles, des Corneilles et des Racines.

92. Lyon, Bordeaux et Marseille sont après Paris les plus importants chef-lieu de préfecture.

93. Ne fais pas du mal aux autres, si tu ne veux pas que ce mal retombe sur toi.

94. En Portugal tous les habitants sont tenus d'orner leurs maisons aux fêtes-Dieux.

95. La vie de Turenne est une hymne à la louange de l'humanité.

96. Les loup-cervier du Canada sont plus petits et plus blancs que ceux de l'Europe, et cette différence les fait appeler chat-cervier.

97. Les monarques les plus absolus sont ceux qui sont les plus aimés.

98. Les petits reçoivent toujours les contres-coups des malheurs qui arrivent aux grands.

99. Allez dans la prairie, et vous y admirerez mille arc-en-ciel peints sur chaque goutte de rosée.

100. Quels gens ne se réjouissent pas de voir leur patrie tranquille au dedans et respectée au dehors?

101. La puissance du Dieu qui régit l'univers
    Se fait tout aussi bien sentir par la rosée
    Que par le foudre et les éclairs.

102. Un fou peut jeter un couple de louis dans la mer, et dire qu'il en a joui.

103. Les hautes et les superbes pyramides d'Egypte ont défié la puissance du temps et sont encore debout.

104. Les deux Corneilles se sont distingués dans la république des lettres; les deux Cicérons ne se sont pas également illustrés.

105. Où sont, dans les historiens de la nature, les Tacite qui nous dévoileront les mystères du conseil des cieux?

106. Confiants dans la bonté et dans la sagesse de Dieu, ne formons jamais de vœux téméraires.

107. Tant que l'homme est vivant, il a des nombreux rivaux, et la haine qui le poursuit ne veut pas lui accorder de la gloire; mais on rend toujours justice à celui qui n'est plus.

108. Il est curieux de voir les compositions des seizième et dix-septième siècles exciter l'enthousiasme des dilettantis du dix-neuvième.

109. Quelque chose qu'ait fait un homme dans lequel on a placé sa confiance, on le trouve bien fait et fait à propos.

110. Si le fanatisme a élevé ses auto-da-fés, la philosophie a eu aussi les siens.

111. Les deux Mithridates, père et fils, fondèrent le royaume de Cappadoce.

112. Les arrières-gardes sont toujours fort exposées quand les armées battent en retraite.

113. Le mécontentement du peuple et les murmures de la foule sont les avants-coureurs de la guerre civile.

114. Plus il y a dans un pays des moyens de communication, plus le commerce et l'industrie y font des progrès.

115. Ceux qui viennent troubler des têtes-à-têtes ennuyeux sont toujours les bienvenus.

116. Votre fils me parait un enfant fort aimable, mais sa sœur me semble un enfant plus spirituel et plus intelligent.

117. Vainement l'homme élève des palais et des arc-de-triomphe; le temps les use en silence.

118. Notre bonne et mauvaise fortunes dépendent de notre conduite.

119. Parmi les enfants qui se plaisent à faire entre eux des guerres innocentes, peut-être se formera-t-il des Scipion et des Miltiade.

120. La gloire des Trajans, la vertu des deux Antonins, se firent respecter des soldats.

121. Il y a des gens qui ne louent ou ne blâment que par des contre-vérité.

122. Les becs-figues diffèrent du rossignol en ce qu'ils changent tout à la fois et de forme et de couleur.

123. En mécanique on préfère les machines qui produisent les plus grands effets par les moyens le plus petits et le plus simples.

124. Si la religion était l'ouvrage de l'homme, ce serait le plus beau de ses chefs-d'œuvres.

125. Il est là des tyrans, des ministres cruels,
Et des Solón d'un jour qu'on proclame immortels.

126. Les trois ordres d'architecture grecque, les dorique, ionique et corinthien, subsisteront comme des règles de goût immuables.

127. Les courtisans sont des jetons,
Leur valeur dépend de leur place :
Dans la faveur des millions,
Et des zéro dans la disgrâce.

128. Les mauvaises exemples sont aussi nuisibles à la santé de l'âme que l'air contagieux l'est à celle du corps.

129. Mes arrières-neveux me devront cet ombrage.

130. Les portes-drapeaux sont toujours plus exposés que les autres pendant l'action.

131. Les vers-à-soies sont si communs au Tunquin que les plus pauvres habitants y sont vêtus de soie.

132. Jamais les généraux d'Alexandre n'eussent trouvé des concurrents ni des rivaux s'ils ne se fussent divisés.

133. Les chou-fleur, les chou-rave et les chou-navet sont des variétés d'une même famille.

134. L'aigle a le regard perçant ; à une très grande distance elle aperçoit sa proie, elle s'élance et l'atteint sans être attendue.

135. Le vrai et le solide plaisir ne se trouve que dans la pratique de la vertu.

136. Les canards du royaume de Pond acquéraient tant de vertus en mangeant des herbes vénéneuses, que Mithridate en employait le sang dans ses fameux contre-poisons.

137. Il dit, et de ses mains fait tomber sur le sable
    Des cestes menaçants un couple épouvantable.

138. Pour avoir des vrais amis, il faut se rendre digne d'en avoir.

139. Il y a tels gens à qui un air froid et compassé tient lieu de prudence et de capacité.

140. Il y a des gobe-mouche de toutes les classes et de tous les âges.

141. Un couple de pigeons ne sont pas suffisants pour le dîner de six personnes.

142. Les courtisans ne laissent paraître aucune émotion lors même qu'ils sont les plus affectés.

143. La plupart des gens font des coqs-à-l'âne, comme M. Jourdain faisait de la prose.

144. Quelque chose que disent ceux qui ont souvent abusé de notre confiance, nous ne le croyons pas vrai.

145. C'est le propre du génie de produire des grands effets par des petits moyens.

146. On ne fuit pas moins la société des pie-grièche que celle des loup-garou : l'une est désagréable, l'autre triste et ennuyeuse.

147. Les rois sont à toute heure assiégés de témoins,
    Et les plus malheureux osent pleurer les moins.

148. Il met tous les matins six impromptu au net.

149. Les jeunes gens disent tout ce qu'ils font ; les vieils gens tout ce qu'elles ont fait, et les sots tout ce qu'ils ont dessein de faire.

150. Les Charlemagnes et les Napoléons ont été tout à la fois conquérants et législateurs.

151. Que les princes sont malheureux de n'avoir pas des amis !

152. Marguerite, épouse de saint Louis, légua ses bijoux est ses meubles précieux à plusieurs hôtels-Dieux.

153. Des nombreuses cataractes, des grands lacs parsemés d'îles, des vastes forêts, des immenses rochers font de la Suède un pays riche en points de vue variés et pittoresques.

154. Il est des contre-temps qu'il faut qu'un sage essuie.

CHAPITRE II.

—

ADJECTIF QUALIFICATIF; ADJECTIF DÉTERMINATIF.

1. Feue votre tante devait à la bienveillance dont l'honorait la feu reine, les hautes fonctions qu'elle remplissait à la cour.

2. Les honneurs, les richesses mêmes ne peuvent procurer le bonheur à celui dont la conscience n'est pas en repos.

3. Que d'autres à ma place auraient pu rester courts !
Aussi c'est qu'on se forme en lisant vos discours.

4. Le cœur dans mil et mil occasions redresse les torts de l'esprit.

5. Une parfaite égalité d'humeur est si rare que les sages même ont leurs bons et mauvais moments.

6. Les langues anglaise, espagnole, portugaise
Cèdent à la française en douceur, en beauté.

7. Quand l'imagination est dans sa force, la raison n'est qu'à demie formée.

8. Alexandre s'annonça par un courage, une bravoure supérieurs à son âge.

9. Tout s'acquiert par l'exercice, les vertus même.

10. Je jetai mes yeux sur les objets qui m'environnaient et je vis avec plaisir que tout était calme.

11. Accoutumez les hommes à raisonner justes : le vice, comme le crime, est un faux calcul.

12. Heureux celui qui profite, pour se corriger, des erreurs même qu'il a commises.

13. Les Grecs appelaient du nom de satires des drames d'une licence et d'une gaîté burlesque.

14. Il y a des demies-amitiés qu'on nomme d'agréables connaissances.

15. Les grandes joies durent peu, et nous laissent notre ame épuisée.

16. L'azuron, originaire du Canada, a le bec et les pieds gris-bruns.

17. Aucuns plaisirs ne peuvent surpasser les jouissances qu'offre l'étude.

18. Beaucoup de demies-preuves réunies ne sauraient jamais faire une preuve complète.

19. Quelque profondes connaissances que nous possédions, que de choses il nous reste encore à apprendre.

20. Chacun doit parler de soi avec une discrétion, une retenue extrêmes.

21. La Suède et la Finlande composent un royaume long d'environ deux cent de nos lieues et large de cinq cent.

22. Les objets qui coûtent les plus chers sont souvent ceux qui ont les moins de valeur.

23. Tous beaux que nous paraissent ces livres, je ne donnerais pas deux francs de chaque sans les avoir examinés.

24. Qu'il est malheureux celui qui n'est pas pardonnable à ses propres yeux !

25. Les langues romane et tudesque furent les seules en usage jusqu'au règne de Charlemagne.

26. On n'est pas pardonnable quand on est riche de refuser son assistance à ceux qui souffrent.

27. Les droits sacré de l'amitié sont inviolable.

28. Sur cent milles combattants, il y en eut mil de tués et cinq cent de blessés.

29. Rome est toute orgueilleuse encore de la gloire de son premier empereur.

30. A Marathon dix mil Grecs commandés par Miltiade vainquirent cent milles Perses.

31. Ulysse était doué d'une circonspection, d'une prudence surprenantes.

32. Les historiens assurent que Cléopâtre parlait avec facilité les langues grecque, romaine, hébraïque, arabe et éthiopienne.

33. Si l'esprit est la fleur de l'imagination, le jugement est son fruit.

34. Cette grande et cette austère sobriété dont on fait honneur aux anciens Romains était une vertu que leur pauvreté, leur indigence extrêmes rendaient nécessaire.

35. Qui n'admire pas dans madame de Sévigné cette grâce ou cette élégance de style si rares et si peu imitées aujourd'hui?

36. L'ardeur et la patience sont nécessaire pour avancer dans le chemin de la fortune.

37. Une personne sensible ne peut voir un homme ou une femme pauvres et souffrants sans être vivement émue.

38. Si la vérité était pour vous, quelque ennemis que vous eussiez, elle vous en délivrerait.

39. Ce grand homme exerçait sur tout ce qui l'environnait un pouvoir, un ascendant irrésistibles.

40. On prévoit les regrets avant la faute, mais ce n'est qu'après qu'on connaît bien toute leur amertume.

41. La société d'un ami véritable nous procure chaque jour des agréments et des jouissances nouvelles.

42. Plus la confiance est entière, plus son abus est horrible.

43. Quelque glorieux prix qui me soient réservés,
Quels lauriers me plairont de son sang arrosés?

44. La vie est un prêt dont souvent on paie bien chers les intérêts.

45. Dans la place publique une troupe de licteurs écartaient la multitude avec un faste, un orgueil insupportables.

46. Les hommes vertueux sont respectés de ceux même qui n'ont aucunes vertus.

47. L'ancien et le nouveau mondes ont été ravagés par des longues et sanglantes guerres.

48. Les couleurs bleues-claires sont promptement ternies par le soleil.

49. Quelques soient les priviléges des grands, quels que plaisirs qu'ils goûtent, de quelque brillants honneurs qu'ils soient environnés, ils sont exposés à toutes les vicissitudes humaines.

50. Les gens les plus impardonnables sont ceux qui ne se repentent pas des fautes qu'ils ont commises.

51. Nous devons avoir pour nos amis les même sentiments que pour nous-même.

52. La conduite de Néron décelait une noirceur, une perversité inouïes.

53. Les hommes vains sont tous remplis d'eux-même.

54. Si c'est la rareté des choses qui fait leur valeur, quel prix ne doit pas avoir une ame grande et généreuse!

55. Vous savez mieux que moi, quelque soient nos efforts,
Que l'argent est la clef de tous les grands ressorts.

56. Les hommes corrompus n'ont aucunes espèces de pudeur et sont prêts à toutes sortes de bassesse.

57. L'orgueil aveugle croit avoir un talent, une habileté extraordinaires.

58. Alors d'un saint respect tout les Persans touchés,
N'osent lever leur front à la terre attachés.

59. Le cotinga se fait remarquer par l'éclatante couleur de ses plumes rouges-cramoisies, bleues-claires, jaunes-orangées avec des reflets verts-dorés.

60. Notre brave et notre intrépide général a eu son bras et sa jambe droite emportés presque au même moment par un boulet.

61. Quel homme peut lire les fables de La Fontaine sans admirer tout à la fois leur sens profond et leur forme naïve ?

62. En instruisant les autres, nous nous instrusons nous-même.

63. La nature montre dans toutes ses productions un art et une simplicité charmante.

64. Les montagnards qui ont en toute saison les jambes nu marchent rarement nue-tête.

65. Paul et Virginie ne connaissaient d'autres époques que celle de la vie de leur mère.

66. Dieu a produit des grands hommes pour orner les seizième et dix-septième siècles.

67. Ce qu'on admire dans le style de Bossuet, c'est une force, une énergie extraordinaires.

68. Le déluge inonda la terre en l'an deux mille trois cents quarante-huit avant Jésus-Christ.

69. Aucune funérailles ne furent plus magnifiques que celles d'Anne de Bretagne.

70. Les chef-d'œuvre de l'antiquité plairont dans tous les temps, parce que la riche et la brillante imagination de leurs auteurs a su, dans ses hardiesses même, s'imposer des salutaires limites.

71. Les rois, tous puissants qu'ils sont, ne peuvent éviter ni les maladies ni la mort.

72. Les Lapons sont haut de quatre pieds et demis au plus.

73. La feu impératrice de Russie gouvernait ses peuples avec une modération, une sagesse dignes de louanges.

74. J'ai souvent fait dix mille à pied à travers les riches et les fertiles campagnes de l'Italie.

75. Quelques petites que nous paraissent les étoiles fixes, elles égalent le soleil en grandeur.

76. Le port de Copenhague peut contenir plus de cinq cent vaisseaux ; il y a pour chaque un magasin particulier près du lieu où il est à l'ancre.

77. Habitué à se livrer sans réserve à ses passions, il est difficile de les régler et de les vaincre.

78. L'ingratitude est un vice tellement contre nature, que les animaux même sont reconnaissants.

79. Quelques puissants que soient les rois, que sont-ils quand la main de Dieu cesse de les soutenir?

80. Les grands ne se croient des demis-dieux que parce que les petits les adorent.

81. L'aigle fend l'air avec une vitesse, une rapidité prodigieuses.

82. La déplorable Andromaque, arrachée mourante de Troie en flammes, alla terminer ses jours dans un triste et un honteux exil.

83. Quelques vertueux que soient les hommes, ils ne sauraient éviter les attaques de l'envie.

84. La distance de Paris à Pékin est de deux mil trois cents cinquante lieues.

85. Il y a dans les fables de La Fontaine une élévation ou une simplicité de style toujours naturelles, toujours appropriées au sujet.

86. Maîtres de l'univers, les Romains s'attribuèrent tous ses trésors.

87. Tout annonce un Dieu : les cieux même révèlent sa gloire.

88. Sully parlait à Henri IV avec une franchise, une sincérité aussi honorables pour le roi que pour le ministre.

89. Quelle qu'estimable que soit la gloire, on l'a-

chète trop chère, quand on l'achète au prix de la vertu.

90. Nous nous regardons comme pardonnables quand la fortune nous pardonne nos fautes.

91. Saint Louis porta la couronne d'épines, nus-pieds, nue-tête, depuis le bois de Vincennes jusqu'à Notre-Dame.

92. Il n'y a pas encore six mil ans que le monde a été créé.

93. Ce général dut à son mérite et à son courage l'estime et l'amitié qu'avait pour lui la feu reine.

94. C'est un des évènements les plus inconsolables pour les peuples que la mort inattendue d'un bon roi.

95. L'orgueil aveugle se suppose un mérite et une sagesse excessifs.

96. L'homme qui n'apporte dans le monde aucunes qualités et nuls talents y est ordinairement mal reçu.

97. La ville de Saint-Pétersbourg fut bâtie par Pierre-le-Grand, en mille sept cents trois, en l'honneur de saint Pierre.

98. J.-J. Rousseau portait presque toujours des habits gris-clairs.

99. Les anciens guerriers ne se couvraient pas leur tête d'un casque pesant : ils marchaient tête nu à l'ennemi.

100. L'or et l'argent désignent mal les premier et second âge, puisque l'on ignorait alors le trop funeste usage de l'un et de l'autre métaux.

101. Quand on est dans le pays des fictions, il est difficile de ne pas emprunter leur langage.

102. Un honnête homme qui a commis une faute est assez puni par les regrets même qu'elle lui cause.

103. On achette trop chers les cœurs nés pour descendre,
   Et les cœurs élevés ne sont jamais à vendre.

104. Quelque grands éloges que nous recevions, ils ne doivent pas nous aveugler.

105. Feues mes tantes se sont toujours plu à me

témoigner une affection, une tendresse toutes maternelles.

106. Néron avait les cheveux châtains-clairs, les yeux bleus-foncés et la vue basse.

107. L'auteur d'un bienfait est celui qui recueille son fruit le plus doux.

108. Consens à me jurer une alliance, une union inviolables, et ton empire te sera rendu.

CHAPITRE III.

—

PRONOM.

1. Rien ne plaît à celui qui est mécontent de soi-même.

2. Les deux Rousseaux se sont illustrés chacun dans leur genre.

3.　Puisse le ciel verser sur toutes vos années
　　Mille prospérités l'une à l'autre enchaînées.

4. Après les bonnes leçons, ce qu'il y a de plus instructif sont les fautes que nous commettons.

5. Un homme riche qui, pendant cette vie qui est si courte, se prive des choses qui sont nécessaires, est indigne des faveurs de la fortune.

6. L'on refuse durement le nécessaire et on accorde aisément le superflu ; l'on offre les services et on refuse les secours.

7. Les plaies que fait la langue sont plus terribles que celles faites par le glaive ; celles-ci blessent le cœur, celles-là n'atteignent que le corps.

8. La vertu qui honore le plus le cœur de l'homme est la reconnaissance.

9. Heureux celui qui, dans les circonstances difficiles, possède ce calme, ce sang-froid, sans lesquels
on ne peut maîtriser les évènements !

10. Les Romains et les Volsques se regardaient les
uns et les autres d'un air menaçant.

11. Quel que fier que vous soyez du sang d'où vous
êtes sorti, n'oubliez pas que la vertu et le mérite ont
encore plus d'éclat.

12. Otez de la vie le temps donné au sommeil,
celui donné aux besoins, et celui passé dans les afflictions, que reste-t-il ?

13. Le goût choisit les expressions, les combine,
arrange, varie de manière qu'elles produisent le plus
grand effet.

14. Il n'est personne, quelle stupide qu'elle soit,
qui ne reconnaisse l'existence de Dieu.

15. Comment ne pas penser à la mort quand chaque instant nous rapproche d'elle ?

16. Voyez-vous ce joli quadrupède sur ce rocher
élevé, qui pour la forme et la vivacité ressemble à la
chèvre ? c'est le chamois.

17. Jamais personne ne se montra plus humble
ni ne fut plus fière que Diogène le cynique.

18. Le dernier degré de la perversité est de faire
servir les lois à l'injustice.

19. L'homme qui s'estime trop soi-même se fait
mépriser des autres.

20. Marius, à la tête de quatre-vingt-cinq cohortes,
livra bataille à Sylla, et il la gagna.

21. Vivre content de peu est être vraiment riche.

22. Quand quelqu'un vous demande conseil dans
la résolution de le suivre, ne le donnez pas légèrement.

23. Les hommes, quelsque grands ou quelques petits qu'ils soient, ne sentent jamais assez combien ils
ont besoin l'un de l'autre.

24. Le phénix, que l'on croit qui renaît de ses cendres, est un oiseau fabuleux.

25. Le meilleur moyen d'obtenir l'estime des hommes est d'avoir une conduite irréprochable.

26. Il existe un arbitre de la destinée des hommes dont nous sommes tous les enfants.

27. Quand on s'aime et qu'on a vécu long-temps séparé, on se retrouve avec bonheur.

28. Quelque médiocre que soit votre fortune, elle vous suffira si vous usez sagement d'elle.

29. Il n'y a de véritable esclave que celui qui se vend soi-même.

30. Si vous avez confiance en votre ami, accordez-lui-la toute entière.

31. Le seul moyen d'alléger sa douleur est de soulager celle des autres.

32. Les avantages attachés au véritable mérite doivent toujours être préférés à ceux offerts par la fortune.

33. Les modernes sont supérieurs aux anciens dans tout ce qu'ils ont écrit sur les sciences naturelles.

34. Rentre dans le néant dont je t'ai fait sortir.

35. Les lois absurdes tombent et s'abolissent de soi-même.

36. Le premier pas vers le bien est de ne pas faire du mal.

37. Heureux celui qui, craignant de s'égarer avec ses désirs, les réprime, règle et modère.

38. Quelque soient les offres d'un ennemi, tout séduisantes qu'elles nous paraissent, il est imprudent de se fier à elles.

39. . . . . . . Obliger ceux qu'on aime,
  Qu'on estime surtout, est s'obliger soi-même.

40. Les flammes ayant été aperçues par les assiégés et par les assiégeants, les uns les autres s'imaginèrent que c'était le signal donné par la flotte du roi.

41. Miracle ! criait-on : venez voir dans les nues
     Passer la reine des tortues.
   La reine ! vraiment oui, je le suis en effet.

42. Ce qui afflige l'envieux est la vue du bonheur
d'autrui ; ce qui le réjouit est le spectacle du malheur
des autres.

43. Chacun doit parler de lui avec une discrétion,
une retenue extrêmes.

44. En revoyant la ville dont ils étaient sortis vingt
ans auparavant, ils ne purent s'empêcher de verser
des larmes.

45. On ne doit pas être la dupe des prévenances
qu'on nous fait ; sur deux cent il y en a au moins
cent quatre-vingts-dix d'intéressées.

46. Épargner les plaisirs est les multiplier.

47. Les arts les plus utiles ne sont pas ceux estimés
et considérés le plus.

48. Les grandes joies durent peu, et laissent après
soi notre âme accablée.

49. Les grands malheurs nous consternent, acca-
blent et désespèrent.

50. Tenter de faire rétrograder un peuple puissant
et éclairé, est vouloir faire rentrer un chêne dans le
gland dont il est sorti.

51. Ils allèrent dans une forêt épaisse où, à dix pas
de distance, ils se voyaient à peine les uns et les
autres.

52. Il arrive très souvent que les indiscrets se tra-
hissent soi-mêmes.

53. Les hommes veulent toujours paraître plus
capables et plus habiles qu'ils ne les sont en effet.

54. Il n'y a pas de sentiment qui soit louable qui
ne trouve place dans le cœur de l'homme qui est né
avec l'amour de la vertu.

55. La bienveillance que vous m'avez montrée en
cette occasion, conservez-moi-la toujours.

56. Quand on sent que l'on nous aime, on n'en est que plus aimable.

57. Une ame noble rend justice à ceux-même qui la lui refusent.

58. Le sage n'a au-dessus de soi que Dieu.

59. Ce qui distingue essentiellement l'homme des animaux est qu'il a l'idée de Dieu.

60. Blâmer la vanité de ceux qu'on flatte est se plaindre du feu qu'on a attisé.

61. Les idées fausses ont une sorte de bizarrerie qui nous porte à nous défier d'elles, tandis que les idées étroites ont quelquefois une apparence de sagesse qui fait que nous avons confiance en elles.

62. Il y a dans les cieux un roi d'où dépendent les plus puissants rois de la terre.

63. Le goût de la philosophie n'était pas alors celui dominant.

64. Personne n'est assez insensée pour croire n'avoir jamais mérité des reproches.

65. Personne, dit le proverbe, n'est prophète chez lui.

66. Les hommes prétendent avoir chacun son opinion; mais la plupart n'ont que celles de quelques autres.

67. Vous qui nous avez accordé le rang et la fortune, ôtez-nous-les, si nous n'en faisons pas usage pour le bonheur de nos semblables.

68. Les pays où on est véritablement libre sont ceux où on est égal devant la loi.

69. Les auteurs qui ont suivi une bonne route, souvent s'éloignent d'elle dans la seule vue de mieux faire briller leur esprit.

70. L'occasion prochaine de la pauvreté sont des grandes richesses.

71. Charles XII dut ses premières victoires à l'ardeur, à l'impétuosité avec lesquelles il attaquait ses ennemis.

72. L'Anglais, peuple voyageur, porte partout sa patrie avec soi.

73. Les saintes écritures à qui nous nous sommes appliqués nous ont découvert une source de beautés sublimes.

74. Déchoir du premier rang est tomber au dernier.

75. Il semble qu'on ne puisse rire que des choses ridicules ; et on voit néanmoins tels gens qui rient également de toutes choses, mêmes de celles qui ne les sont pas.

76. Entendez-vous les rossignols dans les bois qui commencent leurs concerts harmonieux ? ce sont les avant-coureur du printemps.

77. Quand Louis XIV donnait des fêtes, c'étaient les Corneilles, les Molières, les Quinaults, les Lullis et les Lebruns qui s'en mêlaient.

78. Personne n'a autant de confiance en un autre qu'en lui.

79. Le plus grand mal que fasse un ministre sans probité est le mauvais exemple qu'il donne.

80. Le destin qui fait tout nous trompe l'un l'autre dans notre attente.

81. La douceur du ton et des manières a un ascendant imperceptible à qui on ne résiste pas.

82. L'on secourt plus volontiers les malheureux quand l'on l'a été soi-même.

83. Le zèle et l'exactitude avec laquelle un homme remplit ses devoirs nous disposent à avoir confiance en lui, parce que nous avons la preuve qu'il la mérite.

84. Une femme doit plutôt juger sainement les livres que parler d'eux savamment.

85. Je vous aime tant, que si vous n'étiez pas ma fille, je voudrais que vous le fussiez.

86. Le plus grand art d'un homme habile est de cacher son habileté.

87. La physionomie n'est pas une règle au moyen

de qui on puisse connaître les hommes ; elle ne nous peut servir que de conjecture.

88. César avait une magnanimité, une grandeur d'ame auxquelles il dut plus de triomphes qu'à ses talents militaires.

89. Quel est l'homme véritablement noble ? c'est celui formé par la nature pour la vertu.

90. Vous prétendez avoir droit de venger vous-même vos offenses : quelle loi vous l'a accordé ?

91. Vous savez, Madame la maréchale, qu'il y a une édition contrefaite de mon livre, qui doit paraître ces fêtes.

92. Aristide et Thémistocle méritèrent l'affection des Athéniens : celui-ci par sa probité et ses vertus, celui-là par ses talents et son habileté.

93. Quelques vives que soient les douleurs de l'ame, elles portent toutes leur remède avec soi.

94. La noble réponse que fit Porus à Alexandre lui fut si agréable qu'il lui offrit son amitié.

95. Voyager à pied est voyager comme les Thalès, les Platons, les Pythagores.

96. La vanité lutte contre toutes les passions et triomphe souvent d'elles.

97. Les hommes ont chacun ses défauts, pour qui il faut être indulgent, si on veut qu'on le soit à notre égard.

98. Je ne saurais trop m'empresser de répondre à la vôtre du 1er janvier et de vous remercier de votre aimable souvenir.

99. Il faut du dévouement pour accepter dans des circonstances comme celles actuelles un pouvoir écrasant par son poids.

100. Lorsqu'un général romain obtenait les honneurs du triomphe, un héraut lui criait de temps en temps : tu es mortel, rappelle-toi-le.

101. Tous les hommes qui ont un cœur et lui obéissent doivent se respecter les uns et les autres.

102. Ce n'est pas moi, disait Socrate, qui dois de-

mander grâce, c'est à ceux qui m'ont condamné, de l'obtenir des Dieux.

103. Peut-on être plus amis que ne les furent Oreste et Pylade?

104. Personne ne croira que ces guerriers aient manqué de courage à Marathon, qui s'étaient distingués dans tant de combats.

105. Après le mérite personnel, il faut l'avouer, ce sont les éminentes dignités et les grands titres de qui les hommes tirent le plus de distinction et d'éclat.

106. Pour les personnes d'esprit rien n'est nouveau; ils admirent peu, ils se contentent d'approuver.

107. Nous n'étions que dix de tout l'équipage qui eussent échappé à la maladie; la mort avait frappé tous les autres.

108. L'existence de Dieu est une vérité qu'on ne peut croire qui ait été ignorée des peuples les plus barbares.

109. Prévenir le besoin est doubler le bienfait.

110. Quand le roi de Perse voyageait, toutes les tribus s'empressaient sur son passage et lui offraient chacune ses présents.

111. Si nous sommes les représentants de la nation, montrons en toute occasion que nous le sommes en défendant les intérêts généraux du pays.

112. Il y a des lieux que l'on admire, il y en a d'autres qui touchent, et où on aimerait à vivre.

113. Si on pouvait être poète en prose, trop de gens les seraient.

114. Il n'y a guère au monde de plus nobles excès que ceux commis par la reconnaissance.

115. Chacun trouve assez de force en lui pour supporter les maux des autres.

116. Former des conjectures est s'exposer aux moqueries de la fortune, qui presque toujours se joue d'elles.

117. Catherine de Médicis était jalouse de son autorité plus qu'elle ne la devait être.

118. Il n'y a point d'accidents si malheureux de qui les habiles gens ne tirent quelque avantage, ni de si heureux à qui les imprudents ne puissent donner une fin mauvaise.

119. L'on est plus sociable et d'un meilleur commerce par le cœur que par l'esprit.

120. Le zèle est une vertu qu'on n'estime plus; on se moque de lui comme d'un usage qui convenait à la grossièreté de nos pères.

121. Le calomniateur est plus infâme que le faux témoin; celui-là a l'audace du crime, celui-ci a sa perfidie.

122. Une personne d'esprit et qui est né fier ne perd rien de sa fierté pour se trouver pauvre et malheureux.

123. Ce n'était pas une raison quand le peuple l'applaudissait pour que Phocion fût content de lui.

124. La fortune tourne tout à l'avantage de ceux favorisés par elle.

125. Il est faux de dire qu'on ait fait fortune quand on ne sait pas l'employer convenablement.

126. L'on est toujours honteux de s'être aimé lorsqu'on ne s'estime plus.

127. La justice du Tout-Puissant dont on ne saurait douter fait entrevoir au malheureux un avenir meilleur.

128. Se trouver livré à soi-même quand on ne sait pas s'occuper est être en mauvaise compagnie.

129. Celui qui se met en mer lorsqu'elle est calme doit s'attendre à des tempêtes.

130. Le désir qu'on a de mériter les louanges qu'on donne fortifie notre vertu.

131. Les hommes ayant chacun ses défauts doivent avoir de l'indulgence l'un pour l'autre.

132. Le secret de l'habileté est de ne faire que le possible et de ne vouloir que le nécessaire.

133. Si vous voulez être utile à vos semblables, ne vous livrez pas à ce goût que vous dites que vous avez pour la vie contemplative.

134. Autant on est fort quand on est uni, autant on est faible quand on est divisé.

135. Alexandre et Diogène étaient l'un l'autre poussés par une vanité qui tendait au même but par des moyens tous différents ; celui-ci trouvait le monde trop étroit pour lui ; celui-là ne voulait rien de plus que sa place au soleil.

136. On dit qu'on a mis en fuite les Arabes dans toutes les rencontres qu'on a eues avec eux.

137. Les seules louanges à qui l'on doive être sensibles sont celles venant des gens de bien.

138. La plus utile comme la plus noble de toutes les sciences, celle renfermant toutes les autres, est la science de l'homme.

139. Quelle douleur n'éprouve-t-on pas quand on se sépare d'un véritable ami qu'on croit qu'on ne reverra plus !

140. Là, regardez-moi bien durant cet entretien,

Et jusqu'au moindre mot imprimez-vous-le bien.

141. Les personnes qui sont incapables d'oublier un bienfait sont ordinairement généreux.

142. L'on étudie avec plaisir ce que l'on comprend bien, et l'on le retient sans peine.

143. Dans les grandes affaires on doit moins s'appliquer à faire naître les occasions qu'à profiter de celles présentes.

144. L'avare qui a un fils prodigue n'amasse ni pour celui-là ni pour lui.

145. Entre les passions et l'homme point d'accommodement, celui-là est leur esclave s'il n'est leur maître.

146. Si on craint de déplaire aux hommes, pourquoi ne craint-on pas de déplaire à Dieu ?

147. Dans la mise commune de l'argent et des ser-

vices, les riches croient toujours que celui-ci n'est jamais acquitté par ceux-là.

148. Les jouissances les plus agréables sont celles procurées par la vertu.

149. . . . . . Après la bienfaisance
Le plus grand des plaisirs est la reconnaissance.

150. L'un l'autre s'aimaient tendrement ; et ils se soulageaient l'un et l'autre dans les travaux de la servitude.

151. L'on est souvent trompé par l'apparence du bien ; et on est rarement détourné de son projet quand on nous avertit de l'erreur où on se laisse entraîner.

152. Quelque soit le talent de ces deux poètes, ni l'un ni l'autre n'obtiendront le prix décennal.

153. Obliger ceux qu'on aime est s'obliger soi-même.

154. Les meilleures leçons sont celles données par des exemples.

155. La sottise ne mérite le mépris que quand la vanité se joint à elle.

156. Heureux celui qui craignant de s'égarer avec ses désirs, les retient, règle et modère.

157. César et Pompée s'estimaient l'un et l'autre, en dépit de l'inimitié qui les animait l'un l'autre.

158. Après la prise de Troie tous les Grecs se hâtèrent de regagner chacun sa patrie.

159. On est heureux quand on entend faire l'éloge de son mari, et fier quand on entend faire celui de ses enfants.

160. Les affaires le plus difficiles sont celles qu'on croit souvent qu'on terminera avec le plus de facilité.

161. La vanité de l'homme est la source de ses plus grandes peines ; et il n'y a personne de si parfaite ni de si fêtée à laquelle elle ne donne encore plus de chagrin que de plaisir.

162. C'est l'abbé de l'Épée qui inventa ce langage ingénieux au moyen de qui les sourds-muets peuvent entrer en communication de pensées l'un avec l'autre.

163. Les eaux stagnantes sont celles dont s'exhalent les vapeurs les plus dangereuses.

164. Un magistrat intègre rend justice à tous ceux qui la méritent, quelque soient leur rang et leur fortune.

CHAPITRE IV.

—

DU VERBE.

Sujets et compléments des verbes. — Emploi des auxiliaires; — modes; — temps. — Complément des adjectifs et des prépositions.

1. Il n'y a qu'un petit nombre de personnes qui sait prendre promptement son parti dans les circonstances difficiles.

2. Faibles, muets, de remords déchirés,
Ils contemplaient leurs amis expirés.

3. Les facultés de l'esprit sont comme les plantes, qui mieux on les cultive, plus elles donnent des fruits.

4. Oui, c'est à vous, Français, à qui je viens parler;
Le soudan le permet, cessez de vous troubler.

5. Dieu nous a donné la raison pour pouvoir distinguer ce qui est bien de ce qui est mal.

6. Quels qu'efforts que font les hommes pour se montrer grands, leur néant paraît partout.

7. Tous ceux qui ont médité sur l'art de gouverner ont reconnu que c'était de l'instruction de la jeunesse dont dépendait le sort des empires.

8. L'ingratitude empoisonne dans leur source la plus pure et la plus sainte les bienfaits.

9. Un grand nombre d'hommes s'imagine avoir de l'expérience par cela seul qu'ils ont vieilli.

10. Les hommes sages croient qu'ils sont libres quand ils sont gouvernés par les lois.

11. Les Athéniens passaient leur temps à écouter leurs orateurs, et aux jeux, aux courses et aux spectacles.

12. Il n'est pas de passion qui nuit plus au raisonnement que la colère.

13. Le bonheur et le malheur des hommes ne dépend pas moins de leur humeur que de la fortune.

14. Disposez de moi : mon temps, ma fortune, tout ce que je possède sont à vous.

15. A la sanglante journée de Rocroi la formidable infanterie espagnole, taillée en pièces, a demeuré sur le champ de bataille.

16. Il n'y a que les grands cœurs qui savent combien il y a de gloire à être bon.

17. La philosophie, ainsi que la médecine, ont très peu de bons remèdes et presque point de spécifiques.

18. Les grands États peuvent supporter des grands abus ; c'est les grandes fautes qui les font périr.

19. Les sciences firent depuis le commencement du siècle où nous sommes plusieurs découvertes importantes.

20. Les gens de bien sont dignes et sont appelés à ervir d'exemple aux autres.

21. Quiconque refuse d'assister ses père et mère ne mérite pas d'être assisté de ses enfants.

22. L'homme qui peut approuver et se réjouir d'une mauvaise action est capable de la commettre.

23. Quand on reprend ceux qu'on est chargé d'instruire, avec humeur, on ne les dispose pas à mieux faire.

24. Les anciens philosophes aimaient les voyages et à étudier les coutumes, les mœurs et la législation des différents peuples.

25. Le plus grand mal que peut nous faire un ennemi est d'accoutumer notre cœur à la haine.

26. Prières, supplications, larmes, rien ne purent fléchir la sévérité du vainqueur; femmes, vieillards, personne ne furent épargnés.

27. Il faudrait qu'on instruise les enfants de ce qu'ils auront à faire étant hommes et qu'on les y habitue de bonne heure.

28. Presque toujours l'art gâte au lieu d'ajouter aux grâces naturelles.

29. En quoi Socrate nous semble le plus admirable est sa douceur et sa résignation au moment de subir une mort injuste.

30. La crainte, comme l'espérance, voient des augures dans toutes les choses qui les frappent.

31. L'esprit a été donné à l'homme, non pour qu'il s'en servît pour lui seul, mais afin qu'il le communiquât aux autres.

32. Néron étant à Rome et craignant qu'on ne le trahisse, il fit arrêter un grand nombre de sénateurs.

33. A la mort de nos parents, si la nature ainsi que le devoir font couler nos larmes, la raison ou la foi doivent les essuyer.

34. L'on n'est jamais aussi bien connu par les autres que par soi-même.

35. Je ne suis pas le seul qu'il fuit en cet Etat;
    Il fuit et le reproche et les yeux du sénat.

36. Être juste et être vertueux n'est qu'une seule et une même chose.

37. Nous sommes ici plusieurs qui ont été témoins

des grands succès que nos soldats eurent dans la dernière guerre.

38. Un mot honnête, un sourire aimable, une simple politesse suffisent pour nous concilier les cœurs de nos subordonnés.

39. La haute naissance, de même que l'opulence, ne sont pas toujours un élément certain de bonheur.

40. Ce peuple de vainqueurs, armés de leur tonnerre,
Ont-ils le droit affreux de dépeupler la terre ?

41. On prétend que c'est du nautile, poisson qui se sert de sa coquille comme d'un bateau, de qui les hommes ont appris à naviguer.

42. Votre frère ou moi je m'empresserai en toute occasion de vous offrir l'appui de mes conseils et de mon expérience.

43. Il est d'une ame basse d'être insensible ou peu touchée de l'honneur qui résulte de l'accomplissement des devoirs.

44. La vie de l'homme, comme les eaux d'un fleuve impétueux, s'écoulent avec rapidité.

45. La nature a donné une odeur forte à certains animaux dangereux, afin que l'homme averti de leur présence pût les éviter.

46. La plupart des hommes pour arriver à son but est plus capable d'un grand effort que d'une longue persévérance.

47. Il n'est aucun bonheur pour celui que l'ambition ou la soif des richesses tourmentent.

48. La raison est le plus beau présent que nous avons reçu des cieux.

49. Le philosophe Phérécide a dit le premier que l'ame, dégagée des liens du corps, prenait aussitôt son essor vers le ciel.

50. Nous pardonnons rarement celui qui a blessé notre amour-propre.

51. Ce que les hommes savent le moins ce sont savoir vivre et savoir mourir.

52. Il n'y a jamais eu que la guerre qui a rendu les hommes guerriers.

53. Ne désire pas et abstiens-toi des gains injustes; de tels profits sont des pertes.

54. Le meilleur usage qu'on peut faire de son esprit est de se méfier de lui.

55. Ceux qui sont demeurés long-temps à Paris ont peine à s'habituer à la vie que l'on mène au fond de la province.

56. Croyez-vous qu'Archélaüs est heureux? demandait Paulus à Socrate. Croyez-vous qu'il est vertueux? répondit Socrate.

57. Nous nous plaignons quelquefois légèrement de nos amis afin que nous nous justifions par avance de notre légèreté.

58. L'égoïste n'aimant que lui n'est aimé par personne.

59. Fier de ses forces, Milon de Crotone ne croyait pas qu'elles pouvaient s'affaiblir jamais.

60. C'est dans le concile de Lyon, en l'an 1245, où les cardinaux prirent pour la première fois le chapeau rouge.

61. Il semble que la nature a ici-bas placé tous les animaux pour l'usage et les besoins de l'homme.

62. Ni votre député, ni le nôtre, n'obtiendront le ministère vacant.

63. Peu s'en fallut que Caligula ne fasse disparaître de toutes les bibliothèques les ouvrages des Virgiles et des Tites-Lives.

64. . . . . . Se taire et souffrir en silence
Est souvent le parti que dicte la prudence.

65. La cupidité, ainsi que beaucoup d'autres passions, sont comme un chariot qui descend une montagne: si vous ne l'enrayez dès le départ, vous ne l'arrêterez pas dans le milieu de sa course.

66. La meilleure satire qu'on peut faire des mauvais écrivains est de donner d'excellents ouvrages.

67. Les petites passions ont sur les hommes médiocres et vulgaires un grand empire (516).

68. Le temps est la seule possession que la nature nous a assignée.

69. Dieu a établi des peines et des récompenses afin que les méchants fussent retenus et les bons encouragés.

70. Le souvenir des bonnes actions embellit et répand un parfum délicieux sur la vie.

71. Peu de jeunes gens aiment les sciences et à se livrer à des études graves et sérieuses.

72. C'est toi qui, ce matin, par tes soins imprudents,
    A voulu me parer de ces vains ornements.

73. Parler et offenser pour certaines gens est précisément la même chose.

74. La moitié des hommes passent leur temps à tourmenter l'autre moitié.

75. C'est dans l'insensibilité du cœur où l'égoïsme prend sa source.

76. S'il y a peu d'excellents orateurs, y a-t-il beaucoup de gens qui peuvent les entendre?

77. Les Romains ne doutaient pas qu'Annibal ne leur fasse la guerre; mais ils doutaient qu'il franchisse les Pyrénées et les Alpes, et qu'il puisse vaincre leurs plus habiles généraux.

78. L'honneur, de même que l'or, ne souffrent aucune altération.

79. Informez-vous ce dont vos amis peuvent manquer, et donnez-leur sur-le-champ : rendre un service tout de suite, est doubler son prix.

80. Homère n'a loué les héros de son temps que pour apprendre aux Grecs que la gloire et la vertu étaient inséparables.

81. L'on aime ordinairement mieux à recevoir

qu'à donner; le rôle de bienfaiteur est ambitionné par un très petit nombre d'hommes.

82. L'immensité des eaux qui couvre le globe étonnent l'imagination.

83. La vanité ou l'intérêt l'emporte quelquefois sur le ressentiment; on est souvent mécontent des grands et l'on les loue.

84. Jetez-moi dans les troupes comme un simple soldat, je suis Thersite; mettez-moi à la tête d'une armée dont j'ai à répondre, je suis Achille.

85. C'est dans la religion où est la source de toutes les vertus.

86. La fortune, ainsi que le soleil, font briller jusqu'aux insectes même.

87. L'on pardonne facilement ceux qui ne persévèrent pas dans leur erreur.

88. Un conseil, un avis d'un homme sage doivent toujours être reçus avec reconnaissance.

89. La philosophie, de même que la religion, apprennent aux hommes que le seul et le vrai bonheur est dans la pratique de nos devoirs.

90. Trop de fantaisies embarrasse le train de la vie, comme trop de bagages entrave la marche d'une armée.

91. Le temps ou un peu d'eau effacent les taches du corps; mais ni le temps ni l'eau d'aucuns fleuves ne peut enlever les taches de l'âme.

92. Tous les citoyens assemblés sur la place publique se communiquaient les uns les autres leurs désirs et leurs espérances.

93. L'homme le moins heureux que je connais est celui qui a des grandes richesses dont il ne sait pas faire un bon emploi.

94. Où serais-je, grand Dieu, si ma crédulité
    Eût tombé dans le piége à mes pas présenté !

95. Un nombre infini d'oiseaux faisait chaque jour résonner ces bocages de leurs doux chants.

96. Ces deux peuples ont convenu pour mettre fin et arranger leur différent de choisir la France pour arbitre.

97. Accoutumé à la discipline par une longue incorporation dans les armées romaines, les Barbares attaquèrent et s'emparèrent des provinces de l'empire romain.

98. Vivre libre et ne pas tenir aux choses de ce monde est le meilleur moyen de se trouver à toute heure prêt à mourir.

99. Ni Corneille, ni La Fontaine n'eut part aux faveurs du grand roi : pour qu'on ne s'en étonne pas, disons que ni l'un ni l'autre ne fut courtisan.

100. L'homme est le seul animal qui sait qu'il doit mourir.

101. L'on trouve dans l'étude une douce tranquillité, un agréable repos qui délassent et charment l'esprit.

102. Cicéron et Quintilien étaient persuadés que c'était principalement chez les poètes qu'il fallait chercher des modèles de style.

103. Haïssez vos ennemis avec modération, car il est possible que dans la suite ils seront vos amis.

104. Il est juste que chaque homme soit récompensé ou rétribué selon et en proportion de ses mérites.

105. Fontenelle a décédé à l'âge de cent ans moins quelques jours.

106. C'est dans les capitales des grands États où l'industrie enfante le plus de merveilles et où le luxe étale le plus de magnificence.

107. Le ciron, ainsi que l'éléphant, attestent la puissance du créateur.

108. Combien de beaux ouvrages que l'antiquité avait cru nous transmettre, n'ont point parvenu jusqu'à nous.

109. Ce n'est point les plaisirs qui soulagent les grandes afflictions; ce sont l'idée de Dieu et la pensée de l'immortalité.

110. Quoique j'avais à me plaindre de lui, le reproche a expiré sur mes lèvres, et je n'ai pu trouver que des paroles tendres et affectueuses.

111. Après avoir vaincu Darius, Alexandre voulut non seulement qu'on le regarde, mais qu'on l'adore comme le fils de Jupiter.

112. L'avocat se peut-il égaler au poète ?
De celui-là la gloire est durable et complète,
Il vit longtemps après que l'autre est disparu.

113. Les lois seules donnent une base ferme et durable à l'autorité (516).

114. Tous les maux sont sortis de la boîte de Pandore ; l'espérance a resté au fond.

115. Le faste qu'on étale et le mépris qu'on fait paraître pour les autres n'a jamais rien produit de bon

116. Les hommes pardonnent quelquefois ceux qui les haïssent, jamais ceux qui les méprisent.

117. Tous les peuples de l'antiquité ont pensé comme nous qu'il existait un Dieu.

118. Ce n'est qu'aux portes du trépas où commence l'égalité.

119. Les bavards ressemblent à des cruches qui plus elles sont vides plus elles font de bruit.

120. Phocion s'entendant applaudir, se retourna en demandant s'il ne lui avait pas échappé quelque sottise.

121. Tout le monde adore et chacun se plaint de la fortune.

122. Que m'importe à présent ce peuple et son outrage,
Et sa faveur crédule, et sa pitié volage ?

123. La trêve ayant expiré, les deux armées ont opéré un mouvement, et se sont préparées à la bataille.

124. Cette armée a sorti comme par miracle du

plus grand danger auquel un général inhabile a jamais exposé ses soldats.

125. Socrate pensait que les arts dégénéraient dès qu'ils n'avaient plus pour objet de former les hommes à la vertu.

126. C'est dans la nuit que naquit Alexandre où le temple de Diane à Éphèse fut brûlé par Érostrate.

127. De tous les arts, il n'en est point qui s'est perfectionné plus lentement que la navigation.

128. Que la prudence règle notre conduite afin de ne pas mériter des reproches.

129. Il n'y a aucun de ses sujets qui ne hasarde sa propre vie, s'il le fallait, pour conserver celle d'un si bon roi.

130. Des avides héritiers s'étaient emparés de ce que possédait ce malheureux vieillard avant même qu'il fût expiré.

131. La tendre jeunesse est le seul âge où l'homme peut tout sur soi-même pour se corriger.

132. Un prince ramène plus facilement les sujets égarés par la clémence que par la sévérité.

133. L'ignorance ou l'erreur ne devraient jamais servir d'excuse aux méchants.

134. Vous ou votre maître ne peut soutenir avec avantage une pareille thèse.

135. L'homme qui n'a pas une passion dominante est comme l'homme sans caractère; ni l'un ni l'autre n'est appelé aux grandes choses.

136. C'est souvent du hasard dont naît l'opinion ;
Et c'est l'opinion qui fait toujours la vogue.

137. Celui qui travaille à dompter et à se rendre maître de ses passions ne peut manquer d'être heureux.

138. Celui qui n'a pas pitié des infortunés, il sera méprisé par les gens de bien.

139. Quelque chagrins que nos ennemis ont pu

nous causer, la religion exige que nous les pardon-
nions.

140. Qui ne sait obéir n'est ni digne ni propre à
commander.

141. Un écrivain a dit que la bassesse était une
médaille dont le revers était l'insolence.

142. Crains Dieu, respecte tes parents, obéis aux
lois, et tu seras heureux et estimé par tous les honnêtes gens.

143. La bonté, comme l'innocence, ont leur pudeur; elles souffrent de se montrer à découvert.

144. La charité chrétienne nous commande d'aimer et de prêter assistance à notre prochain.

145. Ce n'est ni l'un ni l'autre de ces deux généraux qui doivent avoir le commandement en chef
de cette importante expédition.

146. Nous sommes au milieu de l'Italie comme
des enfants abandonnés qui errons parmi les ruines
de nos ancêtres.

147. Celui qui a commis une mauvaise action,
quoiqu'il fait ensuite, et quelque repentir qu'il en
ressent, il la répare difficilement.

148. Nous aimons mieux à donner des conseils que
des exemples, et à procurer à nos amis des plaisirs
qu'à leur rendre service.

149. Les paquebots à vapeur vont et reviennent
de New-York en moins de quarante jours.

150. Il n'y a qu'un esprit faux et superficiel qui
peut rester toujours dans l'illusion.

151. Jamais Voltaire n'avait été plus brillant que
dans *Alzire*, et l'on a peine à concevoir qu'il ait
tombé de si haut jusqu'à *Zulime*, ouvrage médiocre.

152. Nous avons été informés hier que nos troupes
avaient été de nouveau attaquées et qu'elles avaient
forcé l'ennemi à la retraite.

153. Dieu a voulu que les hommes vécussent en
société afin qu'ils pussent s'aimer et s'entr'aider
comme les enfants d'une seule et d'une même famille.

154. Fais pour les autres ce que tu voudrais qu'ils fassent pour toi.

155. Il n'y a pas de crime que la cupidité ou la jalousie ne produisent.

156. Les suites que doit avoir une vie bien ou mal remplie sont assez graves pour y penser sérieusement.

157. Ce sont le travail et la persévérance qui font les hommes de mérite.

158. Le sage se conduit en tous les temps selon et conformément aux principes de la raison.

159. L'envoyé de Bourgogne attendu par le roi,
    De son nombreux cortége il remplit le village.

160. Il n'y a qu'une ame basse qui peut éprouver de la haine.

161. Je doute que les États-Unis se maintiennent en république s'il venait à surgir chez eux un génie supérieur pareil à ceux qui de siècle en siècle sont apparus en Europe.

162. Virgile est le seul poète latin qui a excellé dans la pastorale.

163. Ceux qui ne prennent conseil de personne peuvent s'attendre, s'ils ne réussissent pas, d'être blâmés de tout le monde.

164. Le travail et l'économie mène insensiblement les hommes à la fortune.

165. Il serait à désirer que les vrais amis puissent mourir ensemble et au même moment.

166. La jeunesse et l'inexpérience nous expose à bien des fautes et par conséquent à bien des peines.

167. Si c'est les guerriers qui soumettent les peuples, c'est les magistrats qui les civilisent.

168. Pensez-vous qu'en aucun cas il soit bon de se faire illusion et de chercher à se tromper soi-même?

169. Les Albains sont vaincus, Camille est expirée.

170. Tandis que Charles VII se livrait à tous les plaisirs, les Anglais poursuivent leur succès et font la conquête de nos plus belles provinces.

171. Celui qui apprend les règles de la sagesse sans leur soumettre sa vie, il est semblable à un homme qui labourerait son champ et ne le sèmerait pas.

172. Le caractère de la sagesse est d'avoir une conduite suivie; l'homme sage, comme le soleil, sont permanents; le fou, comme la lune, sont changeants et variables.

173. Après la bataille de Leuctres, les Spartiates étant informés ce que leur armée était devenue, et ce qui était arrivé à leur roi, ne permirent pas qu'on suspende les jeux.

174. La sagesse est une plante étrangère et rare que nous n'aimons voir cultiver que dans le champ d'autrui.

175. Moïse a écrit les œuvres de Dieu avec une exactitude, une fidélité qui attirent la croyance et excitent l'admiration.

176. Socrate dédaigna se défendre parce qu il désespérait convaincre des juges qui l'avaient condamné d'avance.

177. Malheur à celui ou à celle qui courent après la sagesse! L'on ne l'attrape pas, si elle ne vient pas tout seule.

178. Il n'y a que l'homme instruit qui peut savoir combien les livres deviennent chers dans l'adversité.

179. La nature a blanchi le lait des mères de peur que les enfants ne s'accoutumassent au sang.

180. Il suffit souvent qu'on paraisse ignorer ce que l'on sait, pour qu'on ait la réputation de savoir ce qu'on ignore.

181. Ou ton sang ou le mien laveront cette injure.

182. C'est à ceux auxquels nous tenons par des liens de famille ou d'affection à qui nous devons d'abord secours et assistance.

183. C'est dans les antres solitaires où Apollon rendait autrefois ses oracles.

184. Il me semble qu'aucune nation ne puisse jamais construire rien de plus gigantesque que les pyramides d'Égypte.

185. Nous n'aimons pas être témoins du triomphe de nos rivaux.

186. Un jour, une heure, un moment bien employés peuvent être féconds en heureux résultats.

187. Tu veux qu'en ta faveur nous croyons l'impossible.

188. Ce n'était pas les Grecs tous ensemble, c'était Achille seul que redoutait Hector.

189. Crois-tu que la conscience soit tranquille quand elle est chargée du poids d'une mauvaise action ?

190. Quel est l'homme qui est content de lui; quel est celui qui ne croit pas avoir à se plaindre des autres ?

191. L'on peut être un excellent versificateur sans que l'on soit poète.

192. Ni l'affection ni le désespoir ne conjure la mauvaise fortune.

193. Il semble que les grandes entreprises sont chez nous plus difficiles à mener que chez les anciens.

194. C'est ici où l'ennemi doit être vaincu, ou bien c'est ici où nous devons tous périr glorieusement.

195. Par le rapport des deux Testaments, on prouve que l'un et l'autre est divin.

196. Le roi Jean s'étant précipité dans la mêlée, il fut enveloppé par les Anglais, qui le firent prisonnier et le traitèrent avec beaucoup d'égards.

197. Il n'est pas d'homme qui n'a des devoirs à

remplir ; mais en est-il un seul qui peut se flatter de les accomplir tous parfaitement?

198. Je doute que la vie soit supportable pour les malheureux, si l'espérance ne leur faisait entrevoir un avenir meilleur.

199. Ni cet asile même où je le fais garder,
Ni mon juste courroux n'a pu l'intimider.

200. C'est de l'année mille sept cent quatre-vingts douze d'où commençait l'ère républicaine, qui finit en mille huit cent six, après quatorze ans de durée.

201. Le penchant que nous avons à faire part et à communiquer nos secrets peut bien prouver qu'il ne devrait point y en avoir parmi les hommes.

202. Ce n'est que dans quelques salons de Paris où l'on trouve encore cette politesse exquise, cette élégante urbanité qui faisaient autrefois le charme et l'admiration des étrangers.

203. Les choses qu'on imprimait le plus fortement dans le cœur des Egyptiens, c'étaient l'estime et l'amour de leur patrie.

204. En quoi Fénélon eut beaucoup de difficultés à surmonter fut l'éducation du duc de Bourgogne, prince né avec un caractère inflexible et des penchants vicieux.

205. Nous mettons à la voile, un vent favorable nous pousse loin du port. Tout présageait une heureuse traversée ; mais bientôt un point noir qui paraît à l'horizon s'étend et s'approche ; les éclairs commencèrent à sillonner le ciel, et la tempête éclata.

206. Un bon roi est aimé par son peuple et est estimé par ses ennemis même.

207. L'exorde de l'oraison funèbre de Turenne est un des morceaux les plus admirables qui ont sorti de la plume de Fléchier.

208. C'est sous le pontificat de Léon X où les lettres et les arts ont été les plus fleurissants en Italie.

209. La terre étant partout couverte d'herbes épaisses et touffues, elle ne s'échauffe et ne sèche jamais.

210. Il me demanda de lui indiquer un chemin qui le menait à la ville, car il doutait que celui qu'il suivait puisse l'y conduire.

211. Le plus grand théâtre qu'il y a pour la vertu, c'est la conscience.

212. Les ames héroïques ont seules pour les vaincus et les infortunés de touchants égards.

213. La langue du détracteur ne laisse partout où elle est passée que ruine et désolation.

214. Puisse tous les peuples se convaincre qu'il n'y a pas de plus grand fléau que les révolutions.

215. Nous parlerions bien rarement si nous ne le faisions que lorsque le temps ou la circonstance l'exigent.

216. Trop et trop peu de secret sur nos affaires témoigne également une ame faible.

217. Déplorable famille, il n'est que moi qui s'intéresse à ton sort, que moi qui est désireux de soulager ta misère.

218. Oubliez-vous que Dieu vous entende et vous voie, et qu'il puisse lire dans les replis les plus cachés de votre cœur?

219. Je ne sache rien qui est plus digne de notre amour que la vertu, ni de plus propre à notre bonheur que l'amitié.

220. La vie de Pépin ne fut pas assez longue pour mettre la dernière main à ses projets.

221. Votre père, en mourant, ainsi que votre mère,
Vous laissèrent de bien une somme légère.

222. Nous sommes si peu faits pour être heureux ici-bas qu'il faut nécessairement que l'ame ou le corps souffrent, quand l'un et l'autre ne souffre pas.

223. Relevez, relevez les superbes portiques
Du temple où notre Dieu se plait d'être adoré.

224. Biens, fortune, intérêt, gloire, grandeur, rien ne sauraient effacer son souvenir de mon cœur.

225. Malheur à l'homme qui a senti trop tard de quelle utilité il était dans la vie d'avoir des principes.

226. Les eaux du Nil n'étant pas montées au-dessus de dix coudées, l'Égypte fut menacée de stérilité.

227. La trève ayant expiré ce matin, nul doute que la guerre ne recommence plus terrible et plus acharnée.

228. Deux îles qui avaient tout-à-coup surgi du sein de la mer sont disparues presque aussitôt.

229. On peut mettre Molière en parallèle avec Racine, car l'un et l'autre a parfaitement connu et peint le cœur humain.

230. L'homme ne possède aucuns biens s'il manque de vertus, car c'est d'elle seule dont lui vient son repos et son bonheur.

231. La religion est toujours le meilleur garant que 'on peut avoir des mœurs des hommes.

232. Nous sommes demeurés assez long-temps aux États-Unis pour reconnaître combien un gouvernement républicain convenait peu à une grande nation.

233. De tous les Romains César était le seul dont Pompée redoutait l'influence, et le seul aussi qui était capable de le vaincre.

234. La plus grande partie des fruits destinés à la nourriture de l'homme flattent sa vue et son odorat.

235. Celui qui a convenu de faire quelque chose, il doit la faire, lors même qu'il la trouverait désavantageuse.

236. Si l'amour de l'étude ou la philosophie vous conduisent dans cette solitude, ne la quittez jamais; c'est là où vous trouverez un asile plus doux à habiter que le palais des rois.

237. Venise, cette république si fameuse, est disparue de nos jours, sous nos yeux et presque dans un moment.

238. Aux sentiers d'ici-bas sachons semer des fleurs ;
Ce sont nous trop souvent qui faisons nos malheurs.

239. Ce qui contribue le plus au bonheur de la vie est une occupation qui est douce et agréable.

240. Quand la peste fut cessée, saint Charles Borromée fit rendre à Dieu des solennelles actions de grâces.

241. L'héroïsme espagnol est froid ; la fierté, la hauteur en sont le caractère.

242. Il n'est aucun lieu en Europe où la délicatesse et l'urbanité se sont aussi bien conservées qu'en France.

243. Eh quoi ! te semble-t-il que la triste Eryphile
Doit être de leur joie un témoin si tranquille ?

244. Une trop grande négligence, comme une excessive parure, multiplient les rides des vieillards, et font mieux voir leur caducité.

245. Quoique Dieu est bon, et qu'il tient des pardons prêts pour le repentir, il faut que nous fassions en sorte de n'avoir pas trop à attendre de sa clémence.

246. Celui qui pratique la vertu le matin, il peut mourir le soir : il ne se repentira pas d'avoir vécu, et se consolera de mourir.

247. Le ballon est monté avec une si grande rapidité qu'en un moment il est disparu à nos regards.

248. L'estime des honnêtes gens est le seul avantage dont le vice n'a pas encore privé tout à-fait la vertu.

249. Lorsque l'ame vient à s'unir à notre corps, avons-nous un plaisir excessif, une joie vive et prompte qui nous transporte, nous ravit ? non : quelle raison a-t-on donc pour croire que la séparation de l'ame et du corps ne peut se faire sans une extrême douleur ?

250. J'exigerais de ceux qui oublient ou s'écartent

des règles ordinaires de la vie qu'ils sachent plus que
les autres, et qu'ils aient de ces raisons claires, de ces
arguments qui emportent la conviction.

CHAPITRE V.

—

PARTICIPE PRÉSENT ET PARTICIPE PASSÉ.

1. Beaucoup de gens que nous avions cru nos
amis, n'ont pas pris à notre douleur la part que nous
avions pensé qu'ils prendraient.

2. Chez les Égyptiens, les rois qui étaient convaincu
d'avoir fait plus de mal que de bien , étaient privé ,
après leur mort, du tombeau où leurs restes auraient
dû être déposé.

3. L'autorité qui n'est pas respecté est bientôt mé-
connu.

4. Les longues années que Fontenelle a vécu ont
été consacré aux sciences et aux lettres.

5. Autant de combats César a livré, autant de victoires il a remporté.

6. La valeur ne peut être considéré comme un
avantage qu'autant qu'elle est réglé par la prudence.

7. Par son analyse, Descartes a fait faire à la géo-
métrie plus de progrès qu'elle en avait fait depuis la
création du monde.

8. La patrie peut être regardé comme la mère
commune que Dieu a donné à ces grandes familles
appelé nations.

9. Quels dangers l'Angleterre n'a-t-elle pas couru,
quels sacrifices n'a-t-elle pas fait pendant les trente
ans que la guerre a duré ?

10. Les animaux que l'homme a d'abord le plus admiré sont ceux qu'il a reconnu participer de sa nature : son ame s'est trouvé émerveillé toutes les fois qu'il en a vu contrefaire ses mouvements et ses actions.

11. Ceux qui ont passé leur vie obscurs et ignoré, sont les seuls qui aient vécu heureux et tranquilles.

12. Employez pour vous rendre agréable tous les moyens que la nature vous a donné et ceux que l'éducation vous a fait connaître.

13. Les hommes qui se sont laissé séduire par les attraits de la volupté s'en sont presque toujours repenti.

14. Les trônes sont affermi par le courage et ébranlé par la lâcheté.

15. Que de peines nous nous sommes donné pour faire réussir de petites choses ; que de négligence nous avons mis au contraire à l'exécution des grandes !

16. L'on trouve de la consolation à parler de la perte qu'on a éprouvé avec les personnes que la nature a fait sensibles.

17. Cette mère qu'on a vu armer son fils, au lieu de paraître abattu et tremblant, semblait rayonnant d'orgueil et de joie.

18. Les vignobles de Bourgogne furent en grande partie planté sous le règne de l'empereur Probus.

19. Platon et ses disciples se sont montré dignes des éloges que leur ont accordé leurs contemporains ; aussi la postérité les a confirmé.

20. Tiberius Gracchus et son frère Caïus, faussement accusé d'aspirer à la royauté, ont péri victimes de la jalousie des patriciens.

21. Les hommes ont toujours mesuré les dangers sur la crainte qu'ils en ont ressenti.

22. Nous avons été cruellement abusé par de prétendus amis qui se sont emparé de notre confiance, et s'en sont servi pour nous tromper.

23. Il est difficile, quand on ne les exerce pas, de conserver les facultés qu'on a reçu de la nature.

24. Peu d'hommes ont su entretenir et ont conservé l'admiration qu'ils avaient d'abord excité et obtenu.

25. L'habitude rend supportables les infortunes qu'une longue adversité nous a appris à souffrir.

26. Les actions qui nous ont mérité le plus d'éloges nous feraient peut-être rougir si nous étions forcé d'avouer ce qui nous les a fait faire.

27. Les hommes que la nature a doué d'un esprit juste et solide ne se sont jamais laissé aller à la moindre affectation.

28. Souvent les personnes qu'on a cherché à obliger oublient les bienfaits qu'elles ont reçu; en rendant les services que nous avons pu, nous avons fait ce que nous avons dû, et le peu de reconnaissance qu'elles en ont montré ne doit pas nous faire regretter le peu de services que nous leur avons rendu.

29. Il est des cœurs concentré qui ont presque constamment tenu leurs affections captives, et qui en sont d'autant plus pénétré qu'ils les ont laissé moins souvent échapper au dehors.

30. Quelles sommes immenses ont coûté tous les monuments qu'on a élevé dans les quarante années qui se sont écoulé depuis le commencement de ce siècle.

31. Les ambitieux, après avoir forgé leurs chaines, se sont plaint souvent de leur esclavage.

32. On donne le nom de laves à des torrents de matière fondu et enflammé, mêlée de bitume, de soufre et de fer, qui s'élançant des bouches d'un volcan et coulant dans les terrains environnant, s'y creusent souvent des lits profonds. Plusieurs de ces torrents se sont avancé jusqu'à la mer. Les matières brûlant qui les composent en cessant de couler se refroidissent peu à peu ; mais telle est la chaleur dont elles sont pénétré, qu'il en est qui ne se sont refroidi entière-

ment que plusieurs mois après que l'éruption du volcan qui les avait vomi avait cessé.

33. Les enfants oubliant le passé, n'ayant aucune
idée de l'avenir, et voltigeant continuellement dans
l'étroit sentier du présent, disent : nous vivons; les
adolescents méprisant les jouets de l'enfance, jetant
des joyeux regards sur l'avenir, disent : nous vivrons;
et les vieillards, craignant de soulever le voile de l'a-
venir, portant les yeux en arrière et parcourant d'un
regard rapide les endroits riant de leur vie passée, disent : nous avons vécu.

34. Epaminondas et Pélopidas, qui s'étaient imposé la glorieuse tâche de tirer Thèbes de l'obscurité,
l'ont rendu la rivale d'Athènes et de Sparte.

35. Les amitiés que l'intérêt a formé se détendent
comme un ressort au moindre accident.

36. Les soldats assiégeant, marchant tout-à-coup
au pas de charge, se sont élancé contre nous par les
mille brèches qu'avaient fait à nos murailles leurs
foudres tonnant portant au loin la mort et l'incendie.

37. Que de générations se sont succédé, que de
peuples ont disparu depuis que la terre s'est échappé
des mains de Dieu.

38. Il y a toujours une sorte de convention tacite
entre le bienfaiteur et l'obligé ; c'est que celui-ci
oublie sur-le-champ les services qu'il a rendu, et
que celui-là n'oublie jamais ceux qu'il a reçu.

39. Ceux qui se sont appliqué à acquérir des ta
lents, et qui s'en sont servi dans l'intérêt de l'humanité, ont toujours obtenu de leurs concitoyens l'estime qu'on n'a jamais refusé d'accorder à ceux qui se
sont montré les bienfaiteurs de leurs semblables.

40. Nous sommes moins offensé du mépris des sots
que nous ne sommes blessé d'être médiocrement estimé par les gens d'esprit.

41. Il est des hommes qui ont été particulièrement

créé pour être les instruments des desseins caché de la providence.

42. Quelque admirable que soit la découverte des aérostats, elle n'a pas répondu par son utilité à l'idée qu'on s'en était formé.

43. L'issue de cette bataille a été telle qu'on l'avait prévu : un grand nombre d'hommes a été tué sans que la victoire se soit déclaré pour aucune des deux armées.

44. Les Athéniens rendirent à Timothée des honneurs tels qu'ils n'en avaient jamais rendu à personne.

45. L'envie d'être plaint ou d'être admiré fait souvent la plus grande partie de nos confidences.

46. Parmi les hommes que la fortune a les plus favorisé, il en est peu qui se sont montré dignes des dons qu'elle n'a cessé de leur prodiguer.

47. Mon oreille est encor pleine des airs dansant
Que la voix des échos m'apportait en passant.

48. Bien que les historiens se sont plu à nous parler des Amazones, il n'est pas croyable qu'une république de femmes ait existé.

49. Que de poètes se sont exercé dans plusieurs genres, et combien peu il y en a qu'on a vu exceller dans un seul.

50. Dieu nous a distingué des animaux par le don de la parole.

51. Non loin de Schaffouse, le Rhin, tourmenté par d'énormes rochers surgissant du milieu de son lit, est obligé de se resserrer ; se couvrant alors d'écume et grossissant ses tourbillons, il se précipite avec une violence toujours croissant dans des gouffres béants. Ses flots bondissant de rochers en rochers et tombant d'une hauteur de quatre-vingt pieds en une masse effrayant par son volume, font un tel

fracas que les environs à plus de quatre lieues et demi en sont assourdi.

52. La cour et la ville se sont partagé, ou plutôt divisé sous la régence d'Anne d'Autriche, au sujet de deux mauvais sonnets que cinquante ans plus tard deux poètes auraient rougi d'avoir fait.

53. Presque tous ceux qui se sont cru assez forts pour marcher contre l'esprit de leur siècle, se sont trouvé arrêté, renversé et brisé.

54. Les difficultés que les grands orateurs ont eu a surmonter, les travaux auxquels ils se sont livré avec une invincible persévérance, doivent servir d'avertissement à ceux qui veulent se distinguer dans la carrière qu'ils ont suivi et parcouru avec tant de gloire.

55. Les poètes dramatiques anciens n'ont jamais fait figurer plus de trois personnages dans une même scène; les modernes ne sont pas astreint à cette règle.

56. Tels enfants qui sont né souffrant et qu'on a vu long-temps faibles et débiles, ont été fortifié par l'exercice et ont acquis une santé robuste.

57. Les rois vulgaires se sont laissé endormir par l'encens et par les hommages; les autres en ont profité, mais ne s'y sont pas fié.

58. On a établi au nord du Lido, à Venise, un immense môle en marbre blanc pour empêcher l'engorgement du port par les sables mouvant, et ménager aux vaisseaux entrant et sortant un passage sûr et commode.

59. Les ministres qui ont outré la puissance des rois l'ont toujours affaibli; ils n'ont élevé leurs maîtres que sur la ruine de leurs États.

60. Louis XIV avait dans son âme une partie de la grandeur qu'on avait cru long-temps n'être qu'autour de lui.

61. Les avantages que les grands écrivains modernes ont retiré de l'étude des anciens est le plus bel éloge de l'antiquité.

62. César voyant que les troupes qu'il avait envoyé chercher, et que les renforts qu'il avait demandé qu'on lui amenât n'arrivaient pas, résolut de passer en Italie.

63. Autant Charles XII avait gagné de provinces en dix ans de victoires, autant il en a perdu par une seule défaite.

64 Les hommes qu'on a vu abusant de la prospérisé se sout presque toujours montré tremblant dans la disgrâce.

65 Les fièvres qu'il y a toujours eu à Madagascar ont empêché d'y envoyer des colonies que d'abord on avait résolu d'y établir.

66. La conquête de l'Égypte n'a pas été aussi féconde en résultats heureux qu'on l'avait cru.

67. Deux fois mes tristes yeux se sont vu retracer
Ce même enfant toujours tout prêt à me percer.

68. Le luxe a engendré plus de besoin qu'il n'en a jamais satisfait.

69. De toutes les armes défensives dont se sont servi les anciens, la cuirasse est la seule que nous avons conservé.

70. L'industrie a triomphé de tous les obstacles ; elle a dompté la force des torrents ; et les flots écumant roulant avec impétuosité ont suivi la direction que leur ont donné les travaux des hommes.

71. Que de sacrifices ont coûté à l'ambitieux les honneurs qu'il avait tant désiré d'obtenir !

72. Les bons conseillers d'un prince se sont toujours abstenu de lui donner des louanges dont il aurait rougi , ne les ayant pas mérité.

73. Un grand nombre de princes oubliant les obligations qui leur étaient imposé ont, pendant les années qu'ils ont régné et vécu , usé arbitrairement de la puissance que Dieu leur avait donné pour le bien de leurs peuples.

74. Les statues qui sont dressé aux vivants sont de neige et fondent sous les rayons brûlant de la vérité.

75. Le plaisir du succès est toujours proportionné à la peine qu'il a fallu prendre pour réussir.

76. Ces deux femmes se sont plu d'abord et se sont détesté quand elles se sont mieux connu, et qu'elles se sont aperçu qu'elles ne pouvaient pas se convenir.

77. Ceux qui se sont abandonné à la colère se sont tôt ou tard repenti des excès qu'elle leur a fait commettre.

78. Quelle gloire pour les lettres d'avoir épargné à la Grèce, qui les a cultivé avec tant de soin et entouré de tant d'honneurs, des maux dont ses législateurs et ses grands capitaines n'avaient pas réussi à la garantir.

79. Les flots écumant soulevaient à chaque instant nos barques vacillant, puis se retirant tout-à-coup nous laissaient suspendu sur des gouffres effrayant.

80. Les joueurs ne sont jamais assez tôt épouvanté des pertes qu'ils ont fait et que leur a coûté leur folle passion.

81. Les animaux que l'homme a su habituer au travail sont ceux qu'on a vu se multiplier le plus facilement.

82. La Grèce a produit autant d'hommes illustres que la Perse en a peu produit.

83. Tous les philosophes anciens se sont appliqué et se sont plu à inventer chacun son système.

84. Vous avez acheté cette maison vingt mille francs; mais les a-t-elle jamais valu? La mienne ne me les a pas coûté.

85. La terre, mieux cultivée, serait bien plus fertile qu'on ne l'a même soupçonné jusqu'à présent.

86. Quand l'ambition s'est une fois emparé de notre ame, elle nous trouve disposé à tout lui sacrifier.

87. Beaucoup de jeunes gens se sont imaginé que des essais à qui une amitié indulgente avait applaudi

étaient des chefs-d'œuvres dignes de fixer l'attention publique.

88. Du temps des Phéniciens les nègres ont été expatrié, réduit en esclavage et chargé de travaux accablant. Hannon, navigateur carthaginois, nous apprend que les nègres étaient, à une époque reculée, de misérables peuplades végétant sous des cabanes, trouvant difficilement leur nourriture, cultivant quelques champs de mil et soumis à des petits despotes. En mille quatre cents quatre-vingt-un, les Portugais ayant bâti un fort sur la côte d'Afrique, la traite des nègres s'est alors établi ; elle fut autorisé en Espagne par Charles-Quint, sous le prétexte que les nègres n'étaient pas chrétiens, et qu'ils ne pouvaient être regardé comme appartenant à la race humaine.

89. Que d'élégants papillons nous avons vu aujourd'hui voltigeant dans ce jardin et aspirant le suc des fleurs naissant.

90. Combien de grands hommes a produit Rome dans les premiers temps de la république !

91. La fortune, qui sème au hasard ses faveurs, en a fait profiter un très grand nombre d'hommes qui ne les ont jamais mérité ni par les talents ni par les vertus qu'ils ont montré.

92. Les âmes faibles sont toujours aveuglé par la passion ; les âmes fortes sont quelquefois éclairé par le le.

93. Ces deux généraux nous avaient fait concevoir des espérances que le peu d'habileté qu'ils ont montré a déçu ; ils n'ont pas rendu à l'État les services que chacun avait attendu d'eux.

94. Que de jalousies et de haines les disgrâces ont éteint, que d'amitiés elles ont su faire naître.

95. Il ne faut pas que vingt années se soient écoulé pour voir changer les hommes d'opinion sur les objets qui leur ont plu, sur les personnes qu'ils ont aimé et haï, et sur les choses qui leur ont paru le plus vraies et le plus sûres.

96. Beaucoup de princes ont regretté en mourant d'avoir fait la guerre ; mais ceux qui ont aimé la paix ne se sont pas repenti de la sage politique qu'ils avaient adopté et suivi.

97. La nouvelle de cette conquête s'est trouvé vraie, comme on l'avait jugé.

98. L'hiver a fui; plus de vents mugissant, désolant les campagnes et poussant la neige en tourbillons.

99. Plus ces hommes se sont vu susciter d'obstacles et de difficultés, plus ils se sont montré fermes et persévérant dans leurs desseins.

100. La chevalerie, que les rois ont autorisé en la soumettant à des lois qui ne furent pas long-temps suivi, a enivré les nobles d'un orgueil tel qu'ils se sont tous érigé en tyrans de leurs vassaux, et ne se sont plus cru dépendant de l'autorité royale.

101. Les lois se sont multiplié à mesure que les mœurs se sont dépravé : les maux croissant ont fait sentir la nécessité des remèdes.

102. Les soldats et les gens de mer se sont toujours montré plus sensibles à l'amitié que les autres classes de la société; les périls qu'ils ont couru ensemble ont resserré entre eux les liens de la plus intime affection.

103. Tous les grands rois se sont plu à encourager les artistes, et ont donné au commerce et à l'industrie toute l'impulsion qu'ils ont pu.

104. Le peu de vivres qu'on a fait passer dans la ville, et qu'on a distribué aux malheureux assiégés, a suffi pour relever leur courage.

105. Les grands hommes appartiennent moins au siècle qui les a vu naître qu'au siècle qui les a formé.

106. Que de sacrifices se sont imposé certaines familles pour donner à leurs enfants une éducation dont ils n'ont pas su profiter.

107. Les esprits pénétrant ne voulant pas voir la société telle qu'elle est, se sont accoutumé à ne por-

ter les regards que sur les côtés amusant et plaisant qu'elle peut avoir.

108. Le gouvernement fédératif ne convient qu'aux petits États exposé à l'oppression des grands : ainsi les ligues grecques se sont formé pour résister aux Perses ; les Suisses se sont fédéré pour résister à la maison d'Autriche ; les provinces de la Belgique se sont allié contre l'Espagne, et les États de l'Amérique se sont uni contre l'Angleterre.

109. Ce n'est qu'aux dépens de son bonheur que cette femme s'est soustrait aux entraves sévères qu'on a imposé à son sexe.

110. Les amitiés fondé sur la vertu et cimenté par l'estime sont les seules qu'on a toujours jugé iné-branlables.

111. Pour comprendre la propagation miraculeuse de la religion chrétienne, il faut considérer les obstacles qu'elle a eu à surmonter.

112. Il y a dans les forêts de l'Amérique une foule d'arbres sans écorce et sans cime, courbé, rompu, tombant de vétusté.

113. Quand les flots de l'anarchie se sont retiré, Napoléon a paru à l'entrée d'un nouvel univers comme ces géants que les histoires profane et sacrée nous ont peint au berceau de la société, et qui se sont montré à la terre après le déluge.

114. Je peindrai les plaisirs en foule renaissant,
Les oppresseurs du peuple à leur tour gémissant.

115. C'est surtout de la bonne foi et de la simplicité qu'ont montré les honnêtes gens, que les fripons se sont prévalu pour les tromper.

116. Que de personnes nous avons entendu blâmer leurs meilleurs amis d'actes qu'elles avaient approuvé et de résolutions qu'elles mêmes avaient conseillé de prendre.

117. La force de la vapeur a été connu dès les pre-

3*

miers siècles de notre ère ; mais douze cent ans se sont écoulé avant qu'il se soit trouvé des hommes qui se sont avisé d'en profiter.

118. Le peu de terre que j'ai cultivé et ensemencé moi-même a produit autant que les vastes champs que j'avais abandonné à l'exploitation d'un fermier inhabile.

119. Combien d'années ce philosophe a consacré à établir des systèmes qui n'ont pas résisté à l'examen et qui ont eu le sort de tant d'autres, qui sont en naissant tombé dans le mépris et dans l'oubli !

120. Les plus heureux procès ont coûté bien souvent plus de frais qu'ils n'ont rapporté de bénéfices.

121. Que de faits étonnant ont signalé les dix premières années de ce siècle ! Jamais les arts n'avaient été si florissant ; jamais nos armées ne s'étaient montré triomphant sur plus de points à la fois ; partout où elles ont volé, la victoire fidèle à leurs drapeaux, et favorisant leurs efforts, les a suivi : tous les peuples qui les ont attaqué ont été vaincu ; fleuves grondant, déserts brûlant, monts menaçant, nos soldats ont tout traversé et franchi ; les obstacles qu'on a voulu leur opposer ils s'en sont ri, les ont surmonté avec une promptitude, une rapidité surnaturelles : aussi jamais guerriers triomphants n'ont aussi bien mérité, et ne se sont rendu plus dignes des éloges qu'on leur a adressé.

122. Annibal, loin de se diriger vers Rome, que l'on avait supposé qu'il assiégerait, laissa ses troupes s'amollir à Capoue.

123. Peu de richesses ménagé avec soin vaut mieux que des grands trésors mal employé.

124. Nous nous sommes souvent repenti de notre indifférence et de notre dureté à l'égard des pauvres ; mais jamais nous n'avons regretté de nous être laissé surprendre au spectacle des misères feintes.

125. Il semble que la nature nous a fait frivoles afin de nous consoler de nos innombrables misères.

126. L'Italie est une terre où la nature s'est plu à réunir les trésors qu'elle a partagé inégalement entre les autres pays.

127. Dès que certains usages ont été établi, les sages s'y sont conformé et les ont suivi; les sots, croyant faire les esprits forts, les ont frondé et s'en sont moqué.

128. Un grand nombre d'animaux qui ont existé autrefois ont disparu aujourd'hui : leurs races ont été détruit ou ont succombé dans une des grandes révolutions qu'a subi le globe.

129. Les grands froids qu'il a fait cet hiver ont rendu si affreuse la situation des pauvres, que beaucoup ont péri faute de secours.

130. Les rois qui se sont rendu redoutables et se sont fait craindre, n'ont inspiré aucun attachement et n'ont joui d'aucune sécurité.

131. Rarement ceux qui se sont livré au crime sans remords sont revenu à la vertu.

132. Il est bien rare quand des malheureux ont imploré la pitié des autres hommes, que ceux-ci leur aient accordé tous les secours qu'ils auraient pu.

133. Le peu de justice que les magistrats ont montré en cette occasion, a irrité ceux même qui s'étaient les moins intéressé à cette affaire.

134. Je veux par les forfaits où ma haine me livre,
Me payer des moments que je l'ai laissé vivre.

135. Il semble que la fortune se soit plu à se jouer de nous; rarement elle nous a été aussi favorable que nous l'avions espéré ou supposé.

136. Tous les heureux de ce monde se sont ennuyé du bien, ont cherché le mieux, ont trouvé le mal, et s'y sont résigné, crainte de pire.

137. Toutes les idées ont fait le tour du monde; elles qui se sont présenté enveloppé d'une image su-

blime se sont vu favorablement accueilli, et sont devenu le patrimoine du genre humain.

138. Les seules conquêtes qui n'ont laissé aucun regret sont celles qu'a fait la science.

139. Vous avez aimé votre prochain si vous lui avez rendu tous les services que vous avez dû ou que vous avez pu.

140. La glace sur laquelle tant d'étourdis allaient, venaient, couraient, glissaient, se suivant, se poursuivant, se croisant, se heurtant, s'est rompu sous leur poids et les a englouti presque tous. Que de cris déchirant n'ont-ils pas fait entendre et n'avons-nous pas poussé au moment où ils ont disparu à nos yeux! Leurs mains s'agitant à la surface de l'eau semblaient implorer des secours qu'on s'est hâté de leur porter ; mais quelque diligence qu'on a fait, et quoiqu'on a employé les moyens les plus prompts qu'on a pu, les premiers qu'on est parvenu à retirer sont les seuls qu'on a rappelé à la vie; les autres qu'on n'a retrouvé que beaucoup plus tard n'ont pas survécu.

141. Il s'en faut beaucoup que la Grèce se soit montré reconnaissant envers ses grands citoyens, et qu'elle leur ait accordé les récompenses qu'ils auraient mérité qu'elle leur accorde.

CHAPITRE VI.

—

ADVERBES. — PRÉPOSITIONS. — CONJONCTIONS.

1. Il est aussi facile de faire le bien comme de faire le mal; notre volonté seule règle nos actions, et nous méritons ou déméritons à notre gré.

2. La loi naturelle, aussi bien que la religion, défendent qu'un homme ne nuise à un autre homme

3. Obliger de suite est obliger deux fois et mériter davantage de reconnaissance.

4. On perd à se désespérer d'un mal plus de temps qu'il en faudrait pour y remédier.

5. Quant Aristide approuvait une mesure politique, c'est qu'elle était fondée dessus les intérêts communs de la Grèce.

6. Les méchants malgré qu'ils s'efforcent de ressembler aux gens de bien, ne trompent que très rarement sur leur nature.

7. L'homme craint de se voir tel qu'il est, par ce qu'il n'est pas tel qu'il devrait être.

8. Beaucoup de choses sont toutes autres que nous les jugeons à la première vue.

9. Quoi que l'ambition soit un vice, elle est souvent la cause de très grandes vertus.

10. Nul ne peut pas être heureux s'il ne jouit de sa propre estime.

11. Plus tôt souffrir que de mourir,
   Est la devise des hommes.

12. Plus on goûte le plaisir de faire du bien, et plus on se rend digne de le goûter.

13. On parle au cœur par les yeux bien mieux que les oreilles.

14. Le vrai courage consiste à envisager tous les périls et les mépriser.

15. La plupart des peines n'arrive aussi vite que par ce que nous faisons la moitié du chemin.

16. Ne cherchez pas vos amis dans un rang trop au-dessus ni dans un rang trop au-dessous du vôtre.

17. Il y a tant de bassesse dans la plupart des louanges, qu'elles avilissent davantage ceux qui les donnent qu'elles honorent ceux qui les reçoivent.

18. L'on trouve la religion auprès du berceau de

tous les peuples, comme on trouve la philosophie auprès de leur tombeau.

19. Rien n'assure autant le repos du cœur comme le travail de l'esprit.

20. Ne cédons pas à l'influence des mauvais conseils, et à la force des mauvais exemples.

21 Le désir des distinctions est autant commun que l'amour de la gloire est rare.

22. Xercès fut vaincu plus tôt par l'habileté de Thémistocle que par les armes de Grèce.

23. La bienfaisance consiste à dépasser ses devoirs vis-à-vis des autres hommes.

24. L'homme juste vit en paix avec soi-même et les autres.

25. La paix, l'indulgence et l'amour, voici l'esprit de la religion et son essence.

26. La libéralité consiste moins à donner beaucoup que donner à propos.

27. Bayard vécut et mourut sans peur ni sans reproche.

28. Rien n'est si dangereux qu'un imprudent ami,
    Mieux vaudrait un sage ennemi.

29. L'honnête homme n'a jamais recours aux ruses et aux artifices.

30. Plus on avance en âge et plus on tient à la vie.

31. Malheureux celui qui peut vivre sans aimer et être aimé.

32. Je ne hais point les gens que la colère enflamme ;
    On sait mieux et plutôt tout ce qu'ils ont dans l'âme.

33. Celui qui passe ses premières années dans la mollesse et dans la volupté, passera ses dernières dans le besoin et dans la misère.

34. Jamais les Égyptiens ne firent le moindre mal à un crocodile, un ibis ou un chat.

35. Comprendre vite, sentir vivement, et s'exprimer avec facilité, voici l'esprit français.

36. L'on craint plus de montrer sa misère que l'on craint de mettre ses vices au grand jour.

37. Les choses qui méritent davantage notre admiration sont souvent celles que nous apprécions les moins.

38. Combien ne trouve-t-on pas dans le monde des hommes qui parlent autrement qu'ils pensent.

39. Le jeu est un gouffre sans fond ni sans rivage.

40. L'homme qui nous flatte nous est plus nuisible que l'est celui qui nous hait.

41. Auparavant Louis XIV, la France dénuée de vaisseaux tenait en vain aux deux mers.

42. Ce n'est pas celui qui a peu, mais celui qui désire plus qu'il possède qui est pauvre.

43. Le malheureux lion se déchire soi-même,
    Fait résonner sa queue à l'entour de ses flancs.

44. Justice et justesse, voici en deux mots le code entier du cœur et de l'esprit.

45. Les bienfaits sont des trophées qu'on érige dedans le cœur des hommes.

46. Pline l'ancien ne lut jamais rien sans prendre de notes ni sans faire d'extraits.

47. Un homme en vaut un autre, à moins que par malheur,
    L'un d'eux ait corrompu son esprit et son cœur.

48. L'homme le plus sensé est rarement celui qui parle davantage.

49. Voilà les vertus qu'on doit inspirer aux jeunes gens : douceur avec leurs égaux, soumission et respect vis-à-vis des vieillards.

50. Combien de siècles se sont écoulés auparavant que les hommes n'aient pu revenir au goût des anciens.

51. Celui qui croit devoir à son bienfaiteur moins qu'il en a reçu est un ingrat.

52. Il n'y a point de vertu sans religion et de bonheur sans vertu.

53. Connaître le prix du temps et le prix de l'argent, voici ce qui compose l'expérience.

54. Plus les rois sont vertueux et plus les peuples pratiquent la vertu, car la plupart des hommes se modèle sur ceux qui les gouvernent.

55. L'avare manque autant de ce qu'il a comme de ce qu'il n'a pas.

56. L'homme n'est pas moins à couvert dessous le chaume qu'il ne l'est dessous des lambris dorés.

57. Souvent on n'a point assez de force pour pratiquer la vertu et pour mépriser le vice.

58. Les mauvaises mœurs souillent plus l'ame que la boue souille un bel ajustement.

59. Plus les Romains éprouvaient de revers, et plus ils montraient du courage et de la fermeté.

60. Rien de plus naturel et de moins commun que la sincérité.

61. Quoique possède l'avare, il ne dit jamais : c'est assez.

62. Pour monter dessus un trône, il n'est rien qu'on ne quitte pas.

63. Autant nous avons de passions et autant nous avons de tyrans.

64. C'est souvent les gens qui ont besoin davantage d'indulgence qui en ont les moins.

65. Les physiciens les plus habiles ne nient pas qu'il y ait dans la nature des phénomènes inexplicables.

66. Les longs discours n'avancent pas plus les affaires qu'une robe traînante n'aide à la course.

67. La même faiblesse qui empêche que certains hommes prévoient leur infortune, empêche aussi qu'ils l'évaluent.

68. En peu de mots voilà toute la morale : faire

ce que la raison ordonne et s'abstenir de ce qu'elle défend.

69. Plus nous avons fait des ingrats et moins nous devons nous lasser de faire du bien.

70. La conscience nous avertit en ami auparavant de nous punir en juge.

71. Le riche qui n'a jamais assez est aussi indigent comme le pauvre qui n'a pas le nécessaire.

72. Les fleuves descendent des montagnes, parcourent plus ou moins d'espace à travers des plaines et des terres, et vont se jeter dedans la mer.

73. L'affectation découvre plus tôt ce qu'on est qu'elle fait voir ce qu'on voudrait être.

74. L'homme ne peut être sage et heureux sans qu'il ne lui en coûte quelque sacrifice.

75. Plus d'États ont péri par ce qu'on a violé les mœurs que par ce qu'on a violé les lois.

76. Quoiqu'on dise et quoiqu'on fasse, un ânon ne deviendra jamais qu'un âne.

77. Auparavant sa faute, Adam goûtait des délices qui demeurèrent inconnu au reste des hommes; mais il ne l'eut pas plutôt commis qu'il fut déshérité de tous les biens qui étaient son partage.

78. Avant que le sommeil ne ferme ta paupière,
Dessus tes actions porte un regard sévère.

79. Socrate attendit et souffrit la mort sans faiblesse ni sans ostentation.

80. Il est difficile quand on n'aime pas la vérité qu'on n'ait pas aussi de la haine pour la justice.

81. La rouille a moins d'action sur le fer que le vice en a sur le cœur.

82. Plus la justice est en honneur dans un état, et plus un peuple est heureux.

83. Quoique vous fassiez, ne vous attendez jamais à obtenir l'approbation de tout le monde.

84. Nous devons en presque toutes les occasions chercher l'utile plus tôt que l'agréable.

85. La justice consiste à ne pas blesser les droits de personne.

86. Ne jugeons jamais les autres autrement que nous ne nous jugeons nous-mêmes.

87. Les injustices ne sont jamais réparées quant elles le sont à demi.

88. Il en est des passions comme des grands qui promettent toujours beaucoup plus qu'ils donnent.

89. La justice consiste à ne pas faire à personne ce qu'on craint pour soi-même.

90. Bien souvent la pauvreté n'est pas si funeste que les richesses.

91. Il faut entreprendre de suite les choses qu'on a résolu de faire : se mettre tardivement à l'œuvre est s'exposer à ne pas réussir.

92.   J'ai défendu par une expresse loi
        Qu'on n'ose prononcer votre nom devant moi.

93. L'ingratitude est ce qui blesse davantage une ame reconnaissante et noble.

94. Ce qu'on n'a pu faire tout à coup, il faut essayer de le faire peu à peu.

95. Le vrai sage est autant modeste dans la prospérité comme il est soumis dans l'adversité.

96. Il y a des méchants qui seraient moins dangereux s'ils n'avaient pas aucune bonté.

97. Plus on déchire les entrailles de la terre et plus elle est libérale.

98. Entre les animaux sauvages le tyran est la pire des bêtes, et entre les animaux domestiques, c'est le flatteur.

99. Il faut purger son ame de la crainte, la tristesse, la colère et toute passion qui peut y porter le trouble.

100. La plupart des hommes n'ont pas assez d'es-

prit pour bien parler et assez de jugement pour se taire.

101. Avec un bon télescope on découvre mille fois plus d'étoiles qu'on en voit à l'œil nu.

102. Espérer et craindre voici toute la vie.

103. La bêche des esclaves a fait plus de bien que l'épée des conquérants a fait de mal.

104. Plus les devoirs sont étendus et plus il faut faire d'efforts pour les remplir.

105. Le gouvernement qui est forcé à une paix désavantageuse ne la fait qu'afin de se reposer, panser ses blessures, réparer ses forces et se préparer à la vengeance.

106. La confiance et l'amitié naissent tout à coup parmi les cœurs qui se ressemblent par la bonté.

107. C'est parce que disent les gens, qu'on juge du prix de leur silence.

108. Il est moins dangereux de prendre un mauvais parti que de n'en pas-prendre aucun.

109 Le cœur de l'homme est un crible à travers duquel tout passe.

110. Ne craignez point qu'on ne vous blâme et qu'on ne vous adresse des reproches quant vous avez la conscience d'avoir rempli votre devoir.

111. Vous n'empêcherez pas que ma gloire offensée
En punisse aussitôt la coupable pensée.

112. Si Démosthènes avait eu autant de courage comme d'éloquence, ni Philippe ni Alexandre n'aurait pas dominé sur la Grèce.

113. Autant la pitié est douce quand elle vient à nous, et autant elle est amère quand il faut l'implorer.

114. Le propre de la sottise est de tout croire ou tout rejeter.

115. Le ciel se couvrit tout d'un coup d'épais nuages, et le tonnerre gronda dessus nos têtes.

116. Quelque infortuné que soit un homme, il a

toujours en mourant quelqu'un près de lui qui le regrette et pleure.

117. Dans les républiques anciennes on exilait sur
le moindre prétexte les plus illustres capitaines de
peur que l'autorité se perpétue entre les mêmes
mains.

118. C'est par sa seule faute que le méchant ne
connaît pas ni le repos ni le bonheur.

119. Sois vis à vis de tes père et mère tel que tu
voudrais que tes enfants soient vis à vis de toi.

120. Les naturalistes ne doutent pas qu'il y a eu des
animaux dont les espèces sont entièrement détruit.

121. S'il ne s'est pas écoulé aucun jour de notre vie
sans que nous n'ayons fait quelque bonne action, nous
avons tout à espérer de l'Éternel.

122. Entre les gens qui passent pour avoir de l'esprit, il y en a beaucoup qui ne peuvent dire quatre
mots tout de suite sans dire une sottise.

123. L'homme passe sa vie à raisonner sur le passé
pleurer sur le présent et trembler pour l'avenir.

124. Dessous le voile épais que ma main jette à bas,
Je découvre en riant l'oreille de Midas.

125. Quant on compte pour rien les biens passagers
et périssables du monde, on ne se laisse pas tenter ni
par l'appât des richesses ni par l'éclat des honneurs
et des dignités.

126. L'activité est autant nécessaire au bonheur
comme l'agitation lui est contraire.

127. Il faut chercher soigneusement à s'instruire
pour n'être pas ni trop timide ni trop hardi par ignorance.

128. Les Athéniens avaient une grande admiration
pour Thémistocle ; quand à Aristide ils le respectaient
comme le plus grand citoyen de la république.

129. On perd souvent tout à coup au jeu un ar-

gent gagné lentement et amassé avec beaucoup de peine.

130. Soit vanité, soit faiblesse ou soit raison, tous les grands rois ont regardé la splendeur comme inséparable du diadème.

131. Les jeunes gens, malgré qu'ils sont éclairés par les conseils et l'expérience des vieillards, font autant de fautes qu'en ont fait ceux qui les ont précédé.

132. Le plaisir peut s'appuyer dessus l'illusion, mais le bonheur repose dessus la vérité.

133. Exercez l'hospitalité vis-à-vis de vos ennemis même : les arbres ne refusent pas leur ombre au cruel et à l'impitoyable bucheron.

134. La fin du règne de Louis XIV fut autant funeste à la France que le commencement avait été avantageux pour elle.

135. Durant que Henri IV assiégea Paris, les habitants souffrirent toutes les horreurs de la famine.

136. Il y a plus de force à souffrir patiemment les adversités qu'il y en a à se délivrer d'elles par la mort.

137. Plus on a besoin d'indulgence, et moins d'ordinaire on en montre pour les autres.

138. Il y a des personnes qui parlent mieux qu'ils écrivent, et d'autres qui écrivent mieux qu'ils parlent.

139. Survivre à tous ses amis, est vivre trop longtemps ou plus tôt ce n'est plus vivre.

140. N'agissez jamais autrement que vous ne conseillez aux autres d'agir.

141. La morale enseigne à modérer les passions, cultiver les vertus et réprimer les vices.

CHAPITRE VII.

—

OBSERVATIONS PARTICULIÈRES.

1. L'habitude est une deuxième nature.

2. Il n'y a pas de contradictions dont les hommes ne soient susceptibles.

3.   Jamais mon cœur
     Ne porta plus envie à sa félicité.

4. Bayle est un des esprits le plus étonnant que la France ait produit.

5. Lorsque mon ami rit, c'est à lui à m'apprendre le sujet de sa joie ; lorsqu'il pleure, c'est à moi à découvrir la cause de son chagrin.

6. Les hypocrites ne se contentent pas d'être méchants, ils veulent encore avoir l'air bons et faire croire à tous qu'ils le sont en effet.

7. On n'imagine pas combien il faut d'esprit pour n'être jamais ridicule.

8. Que la royauté est trompeuse! quand on la fixe de loin, on ne voit que grandeur éblouissant, délices enivrant; mais de près tout est épineux.

9. L'on n'a rien fait tant qu'on n'a pas atteint le but qu'on s'était proposé.

10. Cléobis et Biton attelés tous les deux au char où leur mère avait monté la conduisirent jusqu'au temple.

11. Un menteur peut bien faire quelques dupes, mais le plus souvent il est démasqué de suite et il n'impose plus.

12. Un homme généreux n'insulte ni la misère ni la faiblesse.

13. Cyrus réunissait aux avantages extérieurs les qualités du cœur et de l'esprit.

14. Ne point empêcher le mal quant on peut, est y participer.

15. Tout le monde aime la simplicité; mais c'est une vertu à laquelle personne ne porte envie.

16. Un imitateur ne copie que les défauts ne pouvant atteindre les beautés de son modèle.

17. C'est aux poètes à immortaliser les grands hommes.

18. Il vaut mieux risquer d'absoudre un coupable que condamner un innocent; dans le premier cas, le jugement est une erreur; dans le deuxième, c'est le crime.

19. Les hommes qui ont l'air humbles et timides avec leurs supérieurs sont très souvent orgueilleux et arrogants avec leurs égaux.

20. Le titre de chevalier annonçait l'honneur, mais il ne le suppléait jamais.

21. L'on est toujours assez riche pour aider au pauvre qui manque du nécessaire.

22.   ..... Durant vos adieux,
     Quelques pleurs répandus ont obscurci vos yeux.

23. Il suffit de trois à quatre brouillons ambitieux pour troubler le repos d'un État.

23 *bis.* Dans la prospérité on ne se rappelle pas assez de la fragilité des choses humaines.

24. Pour détourner les soupçons du peuple, le sénat assura les Romains que Romulus avait été enlevé au ciel.

25. Personne n'atteindra jamais à Molière pour la vérité et à Racine pour l'élégance.

26. Qui entend raillerie ne peut être dépourvu de

sens et d'esprit; qui entend la raillerie est doué d'un heureux caractère.

27. Vous me pourriez sans doute éviter quelque peine,
Si vous vouliez avoir l'ame toute romaine.

28. Aimez la raison ; que vos écrits empruntent à elle seule et leur lustre et leur prix.

29. Un avare imagine toujours qu'on en veut à son trésor.

30. Quand on a fait tous les efforts qu'on a pu pour réussir honorablement, et que le succès trahit nos efforts, on n'est pas à l'abri du blâme quoiqu'on soit indigne de reproches.

31. Un homme consommé dans les sciences n'a certainement pas consommé son temps dans l'inaction ou les frivolités.

32. Quand un homme a atteint à l'âge de raison, il regrette toujours le temps qu'il a perdu durant sa jeunesse.

33. L'œil vigilant et sévère du prince doit fixer constamment les dépositaires de son autorité.

34. Il n'y a que les véritables chrétiens qui sont susceptibles de sacrifier toutes les jouissances terrestres à l'espoir d'une éternelle félicité.

35. La modestie, comme tout autre vertu, sont blâmables quand elles sont poussé à l'excès.

36. Racine le fils, dans sa traduction du Paradis perdu, n'atteint en aucuns endroits l'énergie de l'original.

37. Oublie ce que tu donnes, rappelle-toi de ce que tu reçois.

38. Combien de pauvres déjeunent, dînent et soupent avec un morceau de pain noir trempé de sueurs et de larmes.

39. La France était plus qu'à demi conquis lorsque Dieu suscita pour la sauver l'héroïne de Vaucouleurs.

40. Ce fut lui qui forma cette ligue funeste
Qui bientôt de la France infesta tout le reste.

41. Les deux nations reprirent les armes avant qu'elles eussent atteint au terme de l'amnistie.

42. Quand les pensées sont communes, il faut chercher des tours qui les anoblissent.

43. Trois à quatre poètes, comme les Homères, les Virgiles, les Corneilles et les Racines suffisent pour aider un prisonnier à supporter les ennuis de la captivité.

44. Certaines vertus sont d'un exercice plus facile en campagne qu'au sein des villes.

45. L'on ne sent le bonheur d'entrer dans le port que quant on a été prêt à faire naufrage.

46. Insulter à quelqu'un qui ne peut s'en venger, est une lâcheté.

47. On n'atteint jamais moins le naturel que lorsqu'on fait des efforts pour l'atteindre.

48. Notre envie dure toujours plus long-temps que le bonheur de ceux que nous envions.

49. Lemierre, pour éviter aux journalistes la peine de rendre compte de ses ouvrages, leur portait des articles qu'il avait fait soi-même.

50. Néron, tout Néron qu'il fût, entendait très bien la raillerie sur ses vers.

51. L'église universelle a profité de ses malheurs et de ses disgrâces plus qu'elle n'avait fait de toute sa gloire.

52. Athènes avec ses vaisseaux infectait les possessions des Lacédémoniens, et ceux-là avec leurs armées de terre infectaient l'Attique.

53. Il n'y a que les personnes susceptibles de bien écrire qui savent apprécier les ouvrages des grands écrivains.

54. A Carthage, les généraux vaincus, telle que fût leur gloire passée, étaient faits mourir.

4

55. Aujourd'hui que le roi ne peut plus nous ennoblir par un titre, il faut travailler à nous ennoblir par nos talents et par nos vertus.

56. Je me garderai bien de me bâtir une ville en campagne et de mettre les Tuileries devant mon appartement.

57. Ceux qui n'auront à attendre que notre colère ou notre mépris craindront de nous imposer.

58. Lorsque vous avez obligé vos amis, c'est à eux seuls à s'en rappeler.

59. Que de créations bizarres et absurdes se sont imaginé nos auteurs modernes.

60. L'avarice partage l'ame en mille soucis, et la consomme par des efforts laborieux et vains.

61. Les Athéniens n'avaient foi qu'en leur courage, et comptaient pour rien les secours de leurs alliés.

62. Tu me dois tout, ingrat, l'honneur, la liberté,
    Et je t'évite encore un trépas mérité.

63. La pensée des hommes distraits ne fait que de voltiger d'un objet à un autre : aussi est-il très difficile de la fixer.

64. La première partie de ses jours s'est passé toute en expériences, la deuxième toute en actions.

65. Ne mêlons pas de la dureté avec nos conseils, si nous voulons qu'ils profitent à ceux auxquels ils sont adressé.

66. Lorsque l'on unit une imagination vive, un esprit juste et la force de méditer, on a tous les éléments du génie.

67. Une fortune telle qu'elle soit n'est suffisante qu'autant qu'on sait régler ses besoins sur ses revenus.

68. Il faut une toute autre vertu que celle d'un homme vulgaire pour résister à des malheurs imprévus et à des grands revers.

69. C'est à vous à sortir, vous qui parlez en maître ;
La maison est à moi, je le ferai connaître.

70. L'éloquence nous rend maîtres de l'esprit des autres, et fait que nous leur inspirons ou que nous leur persuadons tout ce qui nous plaît.

71. Il y a une simplicité et une naïveté dans La Fontaine qui nous enchantent.

72. Cicéron réunissait à un génie riche et fertile une instruction immense.

73. Plus d'un général ont vu la victoire leur échapper au moment où ils se croyaient prêts à la saisir.

74. Si vous oubliez une fois à remplir vos promesses et vous acquitter de vos engagements, vous perdrez la confiance de vos meilleurs amis.

75. Ne vous rappelez-vous pas des nombreux et des éclatants miracles que le bras de Dieu a opéré pour soutenir son église naissant?

76. Ajax à demi-mort et presque consommé par le foudre de Jupiter, fixait les cieux d'un air menaçant.

77. Les Danois se plaignirent avec raison que les Anglais avaient bombardé leur capitale sans déclaration de guerre préalable.

78. Le coup part, le plomb vole, et l'oiseau tombe par terre.

79. Ménécée, en un mot, digne frère d'Hémon,
Est trop indigne aussi d'être fils de Créon.

80. Les ignorants n'y voient goûte où les savants y voient le double des autres.

81. La nature nous trace notre chemin, c'est à nous à le suivre.

82. Quand un homme habitué à farder sa pensée promet qu'il ne la déguise pas, il faut alors se défier de lui.

83. Lorsque Jésus leur dit : C'est moi, ils furent renversé et tombèrent à terre.

84. Ici je prends le ciel et les dieux à témoins
Que vous êtes l'objet de mes plus tendres soins.

85. Il est un âge où la lecture des ouvrages très sérieux ne convient pas encore et où celle des livres trop légers ne convient pas aussi.

86. Le goût supplée beaucoup de choses, et rien ne supplée le goût.

87. Pendant la régence, les rues, quais et ponts de Paris étaient infecté par des troupes de bandits qui, à la nuit tombant, dévalisaient tous les passants.

88. Un ami ne doit pas juger son ami comme il ferait un autre homme.

89. Saint Louis fut deux fois en Afrique; la deuxième il succomba à la peste qui infestait son armée.

90. Il n'y a que les hommes qui réunissent une brillante imagination à un esprit juste qui peuvent devenir des grands écrivains.

91. A un aveugle des lunettes ne servent à rien.

92. Il faut aider, quand on le peut, ses amis dans leurs travaux, et leur éviter une partie des peines et des fatigues que seuls ils ne pourraient pas supporter toutes entières.

93. Le pathétique participe au sublime autant que le sublime participe au beau et à l'agréable.

94. Régulus était indigne des traitements cruels qu'on lui fit subir.

95. Il faut que tout plie et que tout soit souple quand Dieu commande.

96. Le cerf est un de ces animaux innocents, doux et tranquilles qui ne semble fait que pour embellir et donner la vie à la solitude des forêts.

97. Toutes les planètes empruntent leur lumière au soleil.

98. Hélas! durant ces jours de joie et de festins,
   Quelle était en secret ma joie et mes chagrins!

99. Il y a dans ce monde deux tables dressées pour les hommes : les grands sont assis à la première ; les petits mangent leur reste à la deuxième.

100. La vengeance procède toujours de la faiblesse d'une ame qui n'est pas susceptible de supporter les injures.

101. Pour anoblir son art, le poète dramatique doit avoir pour objet d'instruire aussi bien que de plaire.

102. Pascal était célèbre dans les sciences avant qu'il n'eût atteint à l'âge de raison.

103. La fortune qui provient de la misère publique est un avantage auquel on ne doit point porter envie.

104. L'astronomie est une des sciences qui fait le plus d'honneur à l'esprit humain.

105. Heureux celui qui ne fut pas au-devant des richesses ; plus heureux celui qui les refusa, quand elles furent à lui.

106. Les hommes n'atteindront jamais la perfection en quelque genre que ce soit.

107. Est-il un orateur qui a jamais atteint Bossuet pour la profondeur des pensées, la grandeur des images ni l'énergie du style ?

108. Ce n'est jamais sans les regretter qu'on se rappelle des impressions de son enfance.

109. Il y a souvent plus de science et d'esprit dans cinq à six petits volumes qu'il y en a dans deux cent gros in-folios.

110. La mémoire est un don qui supplée beaucoup d'autres.

111. L'esprit s'use comme toute chose : les sciences sont ses aliments; elles le nourrissent et consomment.

112. L'île, quand elle nous est apparue de loin, avait l'air couverte par les eaux de la mer.

113. On peut bien un moment imposer aux hommes, mais le temps découvre bientôt la vérité.

114. Un avocat interrompt souvent sa partie adverse au lieu d'attendre que ce soit à lui de parler.

115. On se rappelle toujours avec plaisir des heureux qu'on a fait.

116. Plusieurs des défauts qu'on rencontre dans La Fontaine participent aux qualités aimables qui les ont fait naître.

117. N'allez pas sur des vers sans fruit vous consommer
Et prendre pour génie une amour de rimer.

118. Pendant qu'il parlait, Diomède étonné le fixait attentivement.

119. Telle réputation militaire qu'ait acquis Condé, celle que Turenne s'est fait est plus brillante encore.

120. On ne saurait mieux faire que d'imiter les exemples des personnes dont la conduite est irréprochable.

121. Les armistices rallient souvent alentour des trônes des cœurs généreux qu'un long châtiment n'eût fait que d'aigrir.

122. Un ruisseau par son cours, le vent par son haleine,
Peut à leurs faibles bras éviter tant de peine.

123. La prudence et la circonspection de Fabius lui firent donner le surnom de temporiseur.

124. Les hommes ont en soi le germe de toutes les vertus, c'est à l'éducation à les développer.

125. Qu'on me laisse à mon gré n'aspirant qu'à la gloire,
Des titres du Parnasse anoblir ma mémoire.

126. Rome qui vainquit le monde entier le fut à

son tour, et plia sous la dure loi que lui dicta une foule de conquérants barbares.

127. Celui qui consomme son patrimoine dans la dissipation et dans les plaisirs se prépare des peines inconsolables.

128. Tout autre vie que celle qu'on mène en campagne déplaît aux gens fatigués des agitations des villes.

129. Rien n'assure un conquérant qu'il ne perdra pas en un jour de revers le fruit de dix ans de succès.

130. Quiconque insulte la misère, même d'un ennemi, manque aux lois de l'humanité.

131. Les qualités du cœur suppléent celle de l'esprit et produisent en partie leurs effets.

132. En se rappelant des fautes qu'on a commis, il est difficile qu'on en commette des nouvelles.

133. Le mérite et les vertus qui ont ennobli nos ancêtres, nous impose l'obligation d'imiter leurs exemples.

134. On peut porter envie aux succès de ses rivaux sans pour cela ressentir une coupable jalousie.

135. Ils demandent un chef digne de leur courage,
Dont le nom en impose à ce peuple volage.

136. Ils sont exposés à des dangers éminents auxquels nuls secours ne pourront les arracher.

137. On n'y voit goutte quand on a sur ses yeux le voile épais des préventions.

138. Les Spartiates dînaient avec un brouet dont notre délicatesse s'accommoderait sans doute fort mal aujourd'hui.

139. Un et un sont deux; voici l'addition la plus élémentaire et la plus simple.

140. Il y a des gens qui sont tous feu, tout activité au moment d'entreprendre un travail, et qui sont tout froideur et tout mollesse dans l'exécution.

141. Je dois beaucoup, sans doute, au souci qui t'amène ;
Mais enfin tu pouvais t'éviter cette peine.

142. C'est toujours durant l'été que les grandes villes sont les moins peuplées, car la plupart des riches habitants les quitte pour aller vivre en campagne.

143. La victoire, qu'elle qu'avantageuse qu'elle est, ne supplée pas tous les avantages que la paix procure.

144. Les Anglais, par qui Jeanne d'Arc fut fait mourir comme sorcière, resteront impardonnables aux yeux de toutes les nations.

145. Au lieu d'envier ceux qui sont riches, envions ceux qui ont su vivre heureux en dédaignant des richesses auxquelles les autres ont porté envie.

CHAPITRE VIII.

—

RÉCAPITULATION GÉNÉRALE.

1. Les meilleurs gens sont souvent ceux dont la réputation est davantage en butte aux traits de la calomnie, comme les meilleurs fruits sont ceux qui sont les plus promptement becqueté par les oiseaux et rongé par les vers.

2. Personne ne veut descendre au fond de lui-même, et toujours nous examinons la besace qui pend dessus le dos de celui qui nous précède.

3. Platon compare l'or et la vertu à deux poids

qu'on met dedans une balance, et dont l'un ne peut
monter sans que l'autre ne baisse.

4. Quoique la justice ne se vend pas, elle coûte
bien chère à celui qui l'obtient.

5. La situation le plus misérable est d'être suspendu entre l'espérance et la crainte, et de vivre
dans une constante et une perpétuelle incertitude.

6. Le silence est le parti le plus sûr pour celui qui
se défie de soi-même.

7. Il y a des hommes en qui la servilité est si innée, qu'ils aiment mieux à se faire des idoles de
boue plus tôt (651) que de n'avoir pas des occasions
de se prosterner.

8. Selon l'ordre éternel, tout abaissement, comme
tout élévation, ont leur terme.

9. L'abattement accroît et met souvent le comble
à nos maux en nous ôtant les moyens de leur porter remède.

10. Le véritable philosophe pardonne sans peine
aux fautes que les autres ont commis ; mais, jugé
sévère de ses propres actions, il se pardonne rarement lui-même quand il a tombé dans quelque faute
qu'il eût pu éviter.

11. Que d'écrits cité comme des chef-d'œuvre in-
sultent le bon sens et le bon goût !

12. La nature a voulu que toutes ses productions
soient parfaites chacune dans leur genre.

13. Une faute est toujours une faute quelque soit
sa cause.

14. Les moments le plus mal employés sont ceux
données aux regrets, à moins qu'on tire d'eux une
instruction pour l'avenir.

15. Quelle créature humaine, à moins que son
ame soit desséché ou perverti, ne s'est pas jamais
senti pressé de se prosterner devant l'auteur de
toutes choses ?

16. Les hommes ont inventé milles moyens pour

s'entredétruire les uns et les autres; ils ont pour ainsi
dire donné des ailes à la mort.

17. Moins on est riche et moins on a d'amis; mais
plus un homme a de la fortune et du crédit, et plus
il y a de gens empressé et désireux de lui plaire.

18. Ce n'est pas d'argent seulement dont les infortunés ont besoin; il n'y a que les bienfaiteurs mal-
adroits qui ne savent faire du bien que la bourse à
la main.

19. Un habile médecin appelle à son aide et se sert
avec succès de l'espérance et la crainte : celle-ci
adoucit les maux, celle-là prévient les rechutes.

20. C'est presque toujours au moment que nous
l'attendons la moins où la mort vient nous frapper.

21. Lorsque deux hommes se sont mutuellement
offensé, celui qui pardonne l'autre est le plus grand
et le plus généreux.

22. L'on est toujours occupé dans le monde ou à
recouvrer ce qu'on nous a enlevé, ou obtenir ce
qu'on nous a promis.

23. Le plus grand nombre des hommes emploient
la première partie de leur vie à rendre la deuxième
misérable.

24. Il faut avoir l'ame placée bien haute pour
verser certaines larmes; c'est du sommet des montagnes qui avoisinent le ciel d'où sortent les grands
fleuves.

25. Voulez-vous juger, quand à la culture de l'esprit, de l'éducation d'un enfant, ne vous informez
pas ce qu'il sait, mais examinez si l'on lui inspire le
goût du travail, et si l'on lui donne son habitude.

26. Dans tous les lieux où l'homme ne commande
pas, le lion ou le tigre règnent par la force ou la
cruauté.

27. Il est rare que les fautes des pères et mères
sont perdu pour les enfants.

28. Les sciences n'avancent aussi lentement que

par ce qu'il est rare qu'on réunisse le génie au talent, le goût à l'observation.

29. Quiconque parle de lui avec modestie peut s'attendre à être loué par les autres.

30. Le monde est tant corrompu qu'on acquiert la réputation d'homme de bien seulement en ne faisant pas du mal.

31. Ou il faut se taire, ou il faut dire quelque chose de meilleure que le silence; si cette règle était bien observé , on aurait le temps de penser auparavant de parler.

32. Ce n'est que dans la religion seulement où l'homme peut puiser la force et le courage nécessaire pour combattre et triompher de ses passions.

33. Aristide en sortant d'Athènes , dont l'ingratitude de ses concitoyens l'avait banni, il leva les mains au ciel , et demanda aux dieux que les Athéniens ne se trouvent jamais dans des circonstances qui les obligent à se rappeler d'Aristide.

34. Ne nous confions pas au bonheur du moment ; savons-nous ce que le soir ou le lendemain nous préparent et réservent ?

35. Il n'y a ni rang ni fortune qui peut nous dispenser de remplir les devoirs de la politesse.

36. Que servent les grands noms dans l'état où je suis,
     Qu'à me couvrir de honte et m'accabler d'ennuis ?

37. J'estime davantage le sage qui se commande à soi-même que le conquérant qui donne la loi à des nombreux États.

38.   Celui qui rit d'autrui
     Doit craindre qu'en revanche on rit aussi de lui.

39. Il y a de bonnes gens, même fort honnêtes , qui sont dans le monde comme des hors-d'œuvres.

40. Aucuns plaisirs ne sauraient surpasser les jouissances qu'offre l'étude.

41. Beaucoup de personnes trouve plus commode de s'en tenir à l'autorité de l'usage que de consulter la raison; la première est dessous la main, la deuxième habite un mont escarpé que tout le monde n'a pas la force et le courage d'atteindre.

42. La basilique de Saint-Pierre de Rome est un des plus beau monument que les arts ont élevé au culte catholique.

43. Le génie des Racines et des Molières a eu pour instituteurs les chef-d'œuvres dramatiques d'Euripide, Ménandre et Plaute.

44. Une partie de la vie se passe à mal faire; la plus grande à rien faire; la totalité à faire tout autre chose que ce qu'on devrait faire.

45. La prudence exigeait que vous preniez des plus sages mesures; vous vous seriez évité tous les chagrins que vous éprouvez.

46. Chez les Grecs, la philosophie la plus austère ne se montrait qu'avec un visage riant, et les plaisirs le plus bruyants renfermaient quelque leçon utile.

47. Entre les qualités d'un ami, celles qu'on estime davantage sont la fidélité et la franchise.

48. Ce n'est pas ceux qui ont des immenses richesses qu'il faut envier; mais plus tôt ceux qui n'ont rien à se reprocher.

49. A deux mille d'ici est campé l'armée ennemie, forte d'environ vingt mil hommes.

50. Combien avons-nous entendu des vieux corbeaux croasser à l'entour de ceux qui d'un vol libre, d'une plume légère, se sont élevé à quelle que gloire par leurs écrits.

51. La civilisation n'aura atteint sa perfection toute entière que lorsque les hommes cesseront de s'entre-tuer.

52. Le pardon est imparfait si la faute commis n'est pas oublié; et on ne peut croire qu'elle la soit,

si celui qui l'a fait n'éprouve encore les bonnes grâces de celui qu'il a offensé.

53. Monarques, usez de la clémence vis-à-vis de vos ennemis; mais ne l'exercez pas aux dépens de cette sévérité sans qui nuls gouvernements ne sauraient subsister.

54. La civilité est le principe et sert de fondement à la société.

55. La constance est une enclume qui, plus elle est battue, et plus elle s'endurcit.

56. L'orgue la plus harmonieuse qu'il y a à Paris est celle de Saint-Eustache.

57. Les Éphésiens naturellement jaloux, exigeaient que ceux excellant en quelque art que ce soit, aille exceller ailleurs.

58. Punir rarement, et toujours à propos, récompenser quelquefois et encourager toujours, est pour les pères et mères un moyen sûr de se faire aimer et respecter.

59. Le tribunal infaillible des actions humaines est la conscience; mais sa juridiction est trop souvent décliné par les passions.

60. Les siècles le plus féconds en vertus n'ont point produit de sages accompli, tant il est vrai que l'homme ne peut pas atteindre la perfection.

61. La bonté encourage d'autant plus les méchants, qu'incapables de la concevoir dans les autres, elle prend toujours à leurs yeux un air de faiblesse.

62. Clazomène, instituteur de Périclès, inspira à son élève cette grandeur, cette majesté qui éclataient dans toutes ses actions.

63. L'on se rappèle avec plaisir des victoires qu'on a remporté dessus ses passions.

64. Ne doutez point, seigneur, que ce coup la frappe,
Qu'en reproches bientôt sa douleur s'échappe.

65. De peur de faire rougir un homme qui impose avec un ton d'assurance, on n'ose pas le fixer.

66. La vie nous paraît courte et les heures longues; nous voudrions qu'il nous soit possible d'allonger la chaîne et rétrécir les anneaux de l'existence.

67 La Livonie, ainsi que l'Estonie, ont été cédé par la Pologne à l'ancien roi de Suède.

68. Un zèle trop ardent pour la liberté n'arrête que trop fréquemment ses progrès. -

69. Les couleurs bleues tendres ont quelque chose qui charme et qui plaît à l'œil.

70. Les pères et instituteurs doivent avant tout donner aux enfants des bons exemples à imiter.

71. L'honnête homme n'envie personne, il n'a point de sentiment si bas.

72. Chez les Romains, une couronne de gazon ou une branche de chêne étaient la récompense du guerrier qui avait sauvé une armée toute entière.

73. Dites un mot, seigneur ; soldats et matelots
Seront près avec vous de traverser les flots.

74. C'est aux Grecs à qui est dû l'invention du dessin.

75. La Providence a voulu que la femme, qui fait l'ornement de l'homme dans la prospérité, fût sa consolation dans l'infortune.

76. De toutes les vertus, celle qui se fait la plus admirer est la force d'ame, et la plus respecter, la justice.

77. Les grandes joies passent vites et nous laissent notre ame épuisé.

78. Henri VIII est un des rois les plus cruels qui a gouverné l'Angleterre.

79. L'on ne saurait long-temps conserver les sentiments qu'on doit avoir pour ses amis si on parle souvent de leurs défauts.

80. La probité et la justice font la sûreté de la société; la bonté et la bienfaisance font son utilité; la douceur et la politesse font son agrément.

81. Le **Tasse** était illustre auparavant qu'il ait atteint à l'âge de vingt ans.

82. Si tous les hommes étaient ambitieux, il ne serait pas possible que la société prospère et même existe.

83. Crébillon, qui n'eut pas, quoiqu'on en ait dit, tant de talent que Voltaire, n'a pas aussi une réputation aussi grande.

84. Tout homme qui, après avoir long-temps souffert, voit la fortune lui sourire un moment, espère que le destin a cessé de lui être contraire.

85. Le peuple se réglant sur les grands, c'est à ceux-là à lui donner des bons exemples à imiter.

86. Hélas! après les pleurs que j'ai versé pour vous,
   Que cet heureux instant me doit être bien doux!

87. Ce sont la faveur ou le hasard qui ennoblissent les hommes; c'est leurs vertus seules qui les anoblissent.

88. L'avare a le cœur desséché; tout autre passion que l'amour des richesses lui est étrangère.

89. Plût à Dieu que les hommes ne se portent point envie les uns les autres; le bonheur, la félicité, ne seraient point exilés de la terre.

90. Il ne suffit pas de se rappeler des maximes de morale que renferme l'Évangile, il faut encore les mettre en pratique.

91. Quant on est dans l'adversité, au lieu d'exhaler des plaintes qui ne servent à rien, il faut réunir son courage avec ses forces pour combattre et triompher de la mauvaise fortune.

92. La médecine est aujourd'hui une science beaucoup moins incertaine qu'elle était autrefois.

93. La valeur des terres dépend de la culture qu'elles ont reçu; il en est de même des hommes: ils n'ont de valeur que selon et à proportion de l'éducation qu'on leur a donné.

94. Ceux de nos écrivains que les critiques ont découragé ou que les éloges ont aveuglé, ne se sont pas élevé autant qu'ils auraient pu.

95. Que d'in-folios on pourrait remplir si on signalait toutes les erreurs qu'ont commis les hommes qui ont été regardé comme le plus sages!

96. Quoi que l'on parle ou que l'on écrit depuis six mille ans, il y a encore bien des choses qui n'ont pas été dit.

97. Plus le rang qu'on occupe est élevé, et moins on doit faire sentir la distance qui nous sépare de ceux que la naissance ou la fortune ont placé au dessous de nous.

98. Quelque soient vos talents, tout grandes que soient vos richesses, n'oubliez pas que tous ces avantages n'ont de prix que rehaussés par la vertu.

99. Patience ! et bientôt nous entrons en campagne,
Puisque les Sarrasins ont juré que jamais
Ton vieux maître ni toi ne dormiront en paix.

100. Quels que éloignés que soient, sous le rapport de l'intelligence, les animaux de l'homme, ils n'en sont pas tant éloignés comme l'homme l'est de Dieu.

101. Les deux Corneilles et les deux Racines se sont illustré comme poètes.

102. Pauvres ou riches, soyons toujours près d'aider à ceux qui réclament et ont besoin de nos secours.

103. La patience ne serait pas une qualité aussi précieuse si elle ne servait pas autant à faire espérer le bien comme à faire supporter le mal.

104. Durant que la guerre civile désolait la France, les armées victorieuses repoussaient sur tous les points les nations coalisé, qui avaient imaginé pouvoir, à la faveur de nos divisions, envahir le territoire.

105. L'exemple est une morale vivante qui pro-

duit toujours davantage d'impression que la morale qu'on trouve dans les livres.

106. Celui-là est pauvre, quelqu'opulent qu'il paraît, qui désire d'avoir plus qu'il possède.

107. Si c'était toujours au mérite auquel les récompenses soient accordé, il y aurait en ce monde moins de jalousie et de haine.

108. Ceux qui savent à quels reproches ils s'exposent en faisant une action digne de blâme, sont impardonnables et ne méritent aucune indulgence.

109. J'ai toujours regardé comme le plus estimable des hommes ce Romain qui voulait que sa maison soit construit de manière qu'on voie du dehors tout ce qui s'y faisait.

110. C'est au régiment des chevaux-légers que commandait votre oncle, à qui est dû la victoire que nos troupes ont remporté.

111. Un philosophe grec a dit que le temps n'était qu'un point entre deux éternités.

112. Vivre peu avec les autres, beaucoup avec soi-même et toujours avec Dieu, voici la règle de morale que doit suivre tout bon et tout véritable chrétien.

113. C'est du dôme de Saint-Paul de Londres d'où Newton fit la plupart des expériences qui l'ont amené à découvrir les lois de la pesanteur.

114. L'étude de l'histoire naturelle, qui met sans cesse les hommes en rapport avec la divinité, leur révèle seule la cause des phénomènes qui seraient susceptibles de confondre leur raison s'ils cherchaient leurs causes ailleurs que dedans la volonté de Dieu.

115. Tous les enfants ont dans le cœur des germes de vertus et des germes de vices; c'est aux pères et mères à développer ceux-ci et à étouffer ceux-là.

116. Les cheveux blancs d'un vieillard sans reproche sont la plus noble couronne dont le temps peut orner sa tête.

117. Les Grecs voulaient que la musique et la

peinture servent à élever le courage et faire naître des grands sentiments.

118. Prince, vous frémissez; était-ce dans votre âme
Où devait s'allumer une coupable flamme ?

119. Que d'actions seraient apprécié autrement qu'elles sont si on pouvait connaître leur cause!

120. Exceptés l'honneur et la justice, une ame noble sacrifie tout à la reconnaissance.

121. Nos plus grands peintres modernes n'ont pas égalé Raphaël et Michel-Ange dans les ouvrages où ils ont montré davantage de génie et d'habileté.

122. Il serait à désirer, lorsque nous sommes prêts d'entrer en colère qu'on nous présente un miroir où nous ne puissions nous fixer sans avoir honte de nous même.

123. Considérer tous les détails dans la nature, suivre et comparer leurs effets et s'élever par la pensée jusqu'à la puissance qui les a produit, voici la véritable philosophie.

124. Les Portugais ont exercé des cruautés qui les ont fait chasser de la plupart des pays où ils avaient fondé des colonies; à peine établi dans l'Inde, les naturels ont été effrayé par le spectacle de leurs auto-da-fés : aussi ils se sont révolté contre eux et les ont expulsé.

125. C'est à la raison à tenir en bride l'imagination ; mais il arrive rarement que les avertissements qu'elle donne sont écouté.

126. Les ingrats se débarrassent vites des bienfaits qu'ils ont reçu.

127. Savoir vivre n'est pas avoir tous ces petits dehors qui font l'homme du jour ; mais avoir des pensées et produire des actes qui font l'homme de tous les temps.

128. Au lieu de multiplier les Hôtel-Dieu, ne ferait-on pas mieux de combattre dans son principe et

ses effets la misère qui enfante tant de maladies?

129. Les gens soupçonneuses imaginent toujours qu'on a intérêt et qu'on veut les tromper.

130. La bienfaisance consiste non seulement à s'acquitter exactement, mais encore à dépasser ses devoirs vis-à-vis des autres hommes.

131. Toutes les facultés de l'ame se réduisent à sentir et penser ; tous nos plaisirs consistent à aimer et connaître ; si on règle et si on exerce ces dispositions, l'on prépare les hommes à être tout à la fois utiles et heureux.

132. L'air est dans une agitation, un mouvement perpétuels à l'entour du globe qu'il enveloppe.

133. La Providence a fait l'homme libre afin qu'il pût faire, non le mal, mais le bien par choix.

134. Les fruits que produisent les arrières-saisons sont moins savoureux et moins agréables que ceux recueilli au milieu de l'automne.

135. La patience est une amie généreuse qui ne paraît point durant la prospérité, mais qui ne manque pas jamais d'offrir son secours dès qu'on est prêt à succomber à l'infortune.

136. Tout grand que soit notre luxe, il n'est rien comparé à celui des Romains, qui avaient dépouillé pour lui satisfaire toutes les nations qu'ils avaient soumis.

137. La religion a voulu que le jour où on demande à Dieu les biens de la terre fût un jour consacré, non à l'oisiveté, mais à la méditation et la prière.

138. Le corps et l'ame, comme deux époux mal assorti, se querellent l'un et l'autre tant qu'ils sont ensemble ; faut-il se séparer, ils se désespèrent.

139. L'univers n'est qu'un spectacle muet pour qui ne lève pas ses regards plus hauts que la terre ; mais celui qui fixe le ciel voit la nature s'embellissant à ses regards, et l'entend qui parle éloquemment à son cœur.

140. Les personnes qui vous semblent le plus heu-

reuses, si vous aviez compté avec leur fortune ou avec leur cœur, ne vous les paraîtraient guère.

141. Les hommes, dans toutes les contrées, ont une plante favorite pour leur nourriture ordinaire; en Europe ce sont le blé, le maïs, le millet; dans l'Asie toute entière, c'est le riz; ailleurs ce sont le manioc et la patate.

142. Dans les arts, le travail ne peut jamais suppléer le génie; mais sans le travail le génie n'atteint jamais la perfection.

143. Un juge méchant qui pèche par connaissance est impardonnable; un juge ignorant qui pèche sans remords est incorrigible; mais tous deux sont également criminels vis-à-vis de ceux qu'ils condamnent ou par erreur ou par malice.

144. Madame, ayez pitié du plus malheureux père
    Qui jamais a du ciel éprouvé la colère;
    Qui répand devant vous des larmes que le temps
    Ne peut encor tarir dans mes yeux expirant.

145. La meilleure forme de gouvernement est celle résultant de la perfection même de l'esprit d'une nation toute entière.

146. Que sert d'observer la nature si on y voit Dieu nulle part; l'apercevoir en toutes choses est le premier et le plus sûr profit que l'homme peut tirer de ses observations.

147. Attila, qui força l'empereur Théodose à lui payer tribut, qui a su recruter ses armées jusque chez ses ennemis même, et nourrir la guerre par la guerre; ce barbare, qui s'avança en vainqueur de Constantinople aux portes de Rome, et qui, durant un règne de dix ans, a été la terreur de l'Europe, devait avoir autant de politique comme de courage, autant d'habileté comme de valeur.

148. Si la munificence du Créateur s'est déployé avec autant d'éclat dans le monde matériel, quelle

richesse n'a-t-il pas versé et répandu sur le monde intellectuel pour qui celui-ci est fait.

149. Toute plante, comme tout animal, ont la respiration, la nutrition et la vie ; il y a une telle analogie entre les règnes végétal et animal, que l'un sert à nourrir l'autre, et réciproquement.

151. Les enfants, femmes, vieillards furent réduit à l'esclavage, et conduits dans une île éloigné, où la plupart fut fait mourir par l'ordre du général romain.

152. L'orgueilleux méprise le suffrage public ; l'homme vain est son esclave ; mais le sage est heureux si l'on le lui accorde, et se console si l'on le lui refuse.

153. Le luxe des langues, aussi bien que celui des manières, contribuent à amollir et énerver les esprits.

154. C'est un horrible et un affreux spectacle que celui que présente même dessous les plus beaux cieux une terre où jamais l'homme n'est passé ; quand vous voyez des rivières contenue, des montagnes aplani, une nature riant, dites comme Archimède : Voici des pas d'hommes.

155. Être soumis au Dieu dont nous tenons la vie,
Est l'unique moyen de prolonger son cours.

156. Défiez-vous de ces hommes qui affectent d'avoir l'air bons et charitables : la plupart ne veut que surprendre une confiance et une estime de qui ils sont indignes.

157. De toutes les armes, la plus propre comme aussi la seule capable de renverser un usage absurde, est le ridicule.

158. Rarement Louis XIV manqua d'être exact aux rendez-vous qu'il avait assigné ; mais s'il était exact, il exigeait qu'on soit empressé. Ses voitures n'étant arrivé un jour qu'à l'heure précise où il les

avait demandé : J'ai pensé attendre, dit-il en fixant sa montre.

159. La religion chrétienne est la seule qui a pénétré dans toutes les contrées ; il existe un très grand nombre-de chrétiens répandu en Asie, Afrique et dans l'Amérique presque toute entière.

160. Le premier duel dont il est fait mention dans l'histoire est celui d'Étéocle et Polynice qui se sont égorgé auprès des murs de Thèbes l'an douze cents vingt-huit auparavant Jésus-Christ.

161 Suivant saint Jérôme, la tour de Babel de qui le sommet devait toucher au ciel ne s'est pas élevé au-delà de vingt mil pieds ; s'il faut en croire un vieux livre juif elle a atteint à une hauteur de plus que quatre-vingt mil pieds.

162. Qui dit héros, dés'gne l'homme par excellence ; qui dit gloire, dit le plus haut prix qui est réservé et que peuvent obtenir les plus grands hommes.

163. La société littéraire qui se réunissait à Saint-Victor sous le règne de Charles IX, qui a servi de base à celle qui s'est assemblé chez Conrad qui est devenu le noyau de l'Académie française était présidé par Ronsard.

164. Tous ces rois qui pouvaient vous disputer ce rang,
Sont prêts, pour vous servir, de verser tout leur sang

165. Tout grand qu'on soit, il ne faut pas mépriser les petits, et quelque fort qu'on se croit on a toujours tort de dédaigner les faibles.

166. Les murmures des peuples sont les avant-coureur de la guerre civile.

167. Pardonnons les autres comme si nous faisions souvent des fautes, et abstenons-nous du mal comme si nous n'avions pas jamais pardonné à personne.

168. Si la poésie pastorale est né parmi les bergers, elle doit être un des plus anciens genres de poésie ;

car la profession de pasteur, qui est la plus naturelle
à l'homme, est celle qui a dû être exercé auparavant toutes les autres.

169. La théologie de ce peuple est toute en sentiment, comme celle de la nature, et sa morale toute
en action comme celle de l'Évangile.

170. L'on a reproché à plus d'un orateur d'avoir
fait composer leurs discours par tels gens auxquelles
il n'en revenait pas ni profit ni gloire.

172. Moi, l'esclave d'Egisthe! Ah! fille infortunée!
    Qui m'a fait son esclave, et de qui suis-je née?

173 Entre les animaux, il en est que le Créateur
nous a donné pour amis, et pour compagnons de travail; il les a doué d'un caractère plus doux, d'un
instinct plus étendu que les autres; il les a rendu capables d'éducation et d'attachement et les a fait entrer dans une sorte de société avec l'homme.

174. Les hommes devraient avoir, chacun pour
son propre intérêt, une affection, un attachement
sincères l'un pour l'autre.

175. La loi, l'usage et la nécessité, voici les trois
souverains auxquels obéissent les hommes.

176. La collection d'autographes qu'on a publié
dessous le titre d'*Isographie des hommes célèbres*,
renferme plus de sept cent fac-similés.

177. Il est incontestable que le travail est ici-bas
le seul guide qui peut conduire à une douce et une
heureuse vieillesse.

178. Pline dit que Carès inventa les augures tirés
des oiseaux et qu'Orphée inventa ceux tirés des autres animaux.

179. Ils se sont adressé de part et d'autre des
plaintes réciproques, et tous ceux qui se sont trouvé
témoin de leurs débats ont convenu que leurs reproches étaient fondé, et qu'ils avaient tous deux raison.

180. Toutes les créatures crient à l'homme: Nous

avons sorti comme toi des mains de Dieu qui nous a
fait pour te servir et te forcer à l'aimer.

181. La fortune est bonne à bien des choses quant
on sait se servir d'elle ; mais elle est bonne à rien
quant on ne sait pas l'employer.

182. Il y a des personnes si légères et si frivoles
qu'elles sont autant éloignées d'avoir des véritables
défauts que des qualités solides.

183. Quelle que disposition qu'a le monde à mal
juger, il fait encore plus souvent grâce au faux mérite qu'il fait injustice au véritable.

184. Virgile se sentant prêt à mourir voulait qu'on
brûle son Enéide, mais Auguste défendit qu'on
n'accomplisse cette dernière et cette funeste volonté.

185. Il n'y a rien dont on doit se garder et éviter
davantage en écrivant que les équivoques.

136. Il en est de la parole comme de la flèche : une
fois lancé, celle-là ne revient plus à la corde de l'arc,
et celle-ci dessus les lèvres.

187. Entre tous nos conseillers le plus aveugle et
le plus vil de tous est la colère.

188. L'égoïste n'est jamais reconnaissant ; il écrit
à l'encre les torts qu'on lui a fait, et au crayon les
bienfaits qu'il a reçu.

189. En suivant de siècle en siècle les révolutions
qu'ont éprouvé l'éloquence et les arts, il est facile de
marquer leur décadence et leurs progrès.

190. Les grands peuples ne résistent pas davantage
que les grands hommes à l'ivresse d'une haute et
d'une brillante fortune.

191. Un bel ouvrage de littérature est beau dans
tous les temps ; les siècles même lui ajoutent un nouveau lustre : tels sont les chefs-d'œuvre des Euripides, des Virgiles, des Corneilles et des Molières.

192. Dedans l'excès du malheur on se laisse tromper par le plus faible rayon d'espérance ; l'infortune,
comme le bonheur, ont leur ivresse ; tous deux
aveuglent également.

193. L'esprit se forme davantage par l'entretien que par tout autre chose ; l'on oublie ce qu'on lit ; mais nous nous rappellons presque toujours des faits que nous avons entendu raconter ou que d'autres nous ont signalé.

194. Si c'est aux universités à professer la science, c'est aux académies à l'étendre : les corps enseignant doivent s'arrêter, les corps savants doivent toujours aller en avant.

195. Malgré les pleurs amers dont j'arrose ces lieux ,
Ce n'est pas du tyran dont je me plains aux Dieux.

196. Dans un seul individu la raison manque de cette force , de cette puissance qui se trouvent dans un grand nombre d'individus appelé en conseil ou assemblée.

197. Les plus savants ne sont pas ceux qui ont les plus étudié , mais les plus appris.

198. Les hommes ne sont ambitieux que par ce qu'ils sont vains : ils aiment mieux à paraître grands que de l'être réellement.

199. L'on peut dire de la mémoire autant de mal comme de bien ; car si elle est la mère de la science , elle donne aussi naissance à l'erreur, l'ingratitude et la vengeance.

200. Les pauvres gens que la plupart des riches ! ils ne savent pas ni faire des heureux ni l'être eux mêmes.

201. Le commun des hommes vont de la colère à l'injure ; la plupart agit autrement ; ils offensent, puis ensuite ils se fâchent.

202. Les erreurs humaines ne meurent point ; elles ne font que de changer de formes.

203. Vivre sans Dieu , sans culte , sans principes ni sans espérance ; se regarder comme l'ouvrage du hasard et la possession éternelle du néant , inspire

des pensées qui ont en soi je ne sais quoi de sombre qui pénètre l'ame d'une secrète horreur.

204. Les enfants deviennent bons et charitables en les accoutumant de bonne heure à s'intéresser aux maux que souffrent les malheureux.

205. Un grand nombre d'hommes use des bienfaits de la société comme de ceux de la nature, non seulement sans qu'ils se rendent compte des avantages qu'ils tirent d'elle, mais encore sans qu'ils y fassent attention.

206. Soumettre ce monde à des lois invariables tellement posé, que Dieu ne peut rien changer à la chaîne des événements, est réduire tout à un pur mécanisme; Dieu a établi des lois générales par qui est réglé la marche de ce monde, mais sans nuire à ses volontés sur les intelligences qu'il a placé ici-bas.

207. Constantin vainqueur de tous ceux qui lui avaient disputé l'empire, résolut de donner une deuxième capitale à ses États. C'est alors que Constantinople s'est élevé dessus l'emplacement de Byzance, comme autrefois Rome était apparu sur les chaumières qu'Évandre avait fait construire et qu'il avait rassemblé.

208. Dans ce monde chacun pour lui : voici la maxime qu'ont adopté les égoïstes.

209. Quand tu vas faire quelque chose qui mérite d'être blâmée, crains le témoignage de ta conscience, si tu n'as pas à redouter que d'autres que toi en sont témoin.

210. Il n'est pas impossible de suppléer l'intelligence à force de travail et de méditation, car il n'est rien dont la volonté ne vient à bout.

211. Le plus riche comme le plus noble héritages qu'on peut laisser à ses enfants est la gloire de ses vertus et de ses belles actions.

212. Le vice commun de presque tous les vieillards est d'être trop attaché aux richesses.

213. La danse, comme le chant, se trouvent mêlés

avec tous les rites religieux : quant la mer qui s'é-
tait ouvert devant les Hébreux se fut refermé sur les
Égyptiens et les eut englouti , c'est en dansant aux
hymnes pieuses improvisé par la sœur de Moïse que
les enfants d'Israël célébrèrent ce grand bienfait de
Dieu .

214. Tout ordre ou toute loi de qui l'on défend
l'examen , ne peuvent jamais être qu'un ordre ou
qu'une loi injustes.

215. Chaque individu doit ménager les intérêts de
son ami , en travaillant à son bonheur.

216. Auguste pardonna généreusement Cinna,
tout grave que fût sa faute et quelque ingrat qu'il
s'était montré vis-à-vis de lui.

217. Nous prenons bien souvent sans but une peine
qu'il ne tiendrait qu'à nous de nous éviter.

218. Il est rare qu'un ingrat ne meurt pas misérablement.

219. L'oisiveté engendre tous les vices , mais c'est
l'ignorance qui les accrédite et perpétue.

220. Procurer au crime l'impunité, est s'en rendre
coupable.

221. Le véritable héroïsme est incompatible avec
la force ni la violence.

222. La plupart des habitants de Rome imaginèrent recevoir la vie une deuxième fois , quant la nouvelle de la mort de Marius se répandit ; mais ils s'a-
perçurent bientôt qu'ils n'avaient fait que changer
de maître: car le jeune Marius, héritier de la cruauté
et du pouvoir de son père, voulut que ses obsèques
soient célébré par la mort de plusieurs sénateurs qu-
étaient échappé aux fureurs de la proscription.

223. Les services que nous avons accordé de mauvaise grâce sont payé si chers de ceux qui les ont obtenu, que nous devrions les tenir quittes de toute reconnaissance.

224. Les débordements des eaux peuvent féconder

les terres qu'ils ont couvert ; mais c'est après avoir épuisé les sucs de celles qu'ils ont ravagé.

225. Charlemagne dans un de ses capitulaires ordonna qu'on vende une partie des basse-cour de ses domaines pour subvenir aux besoins de l'État.

226. Doit-on être surpris que les favoris de la fortune sont aveugles. quand la fortune qui les a fait sortir du néant l'est aussi ?

227. Voir le but où on tend, est jugement : l'atteindre, est mérite ; s'y arrêter, est force ; le passer, est témérité.

228. On est égal dans les gouvernements républicain et despotique : dans celui-ci, parce que le peuple est tout ; dans celui-là, parce qu'il n'est rien.

229. Faisons ici-bas de la vertu notre premier et nos derniers amours.

230. L'ame descendu du ciel et passagère ici-bas, devrait toujours conserver sa liberté et sa noblesse originelle ; elle devrait mépriser et rester étrangère à tous les intérêts terrestres, ne goûter qu'avec réserve les plaisirs et les fausses joies de cette vie, et réserver sa soif toute entière pour les purs et les suaves délices de l'immortalité.

231. Nous sommes souvent malheureux par ce que nous mettons au rang des choses possibles celles qui ne les sont pas.

232. Aristote a dit que l'amitié était une âme qui gouvernait deux cœurs, et un cœur qui habitait en deux corps.

233. Donner et reprendre est l'occupation continuelle des dieux.

234. Nos joies et nos douleurs sont borné ; il n'y a aucuns plaisirs qui sont de longue durée, et aucuns chagrins qui sont inconsolables.

235. Un ministre est coupable quand il refuse audience à celui qui la lui demande pour un objet important.

236. Les murailles de l'ancienne Babylone avaient,

s'il faut en croire les historiens, douze toises et demi d'épaisseur.

237. La table d'un homme économe, tout frugale qu'elle soit, suffit et contente tous ses besoins.

238. Les quelques mois que vous avez passé dans la retraite, les moments que vous avez consacré à l'étude et la méditation, vous ont été plus profitables que les nombreuses années que vous avez vécu parmi un monde frivole qui ne vous a donné aucune exemple qu'il vous était avantageux d'imiter.

239. César ne laissait pas de garnisons dans les villes qu'il avait pris; une fois qu'il les avait soumis, il leur laissait la liberté de suivre le parti qu'il leur plaisait.

240. L'étude la plus utile que l'homme peut faire est celle de soi-même.

241. Aucune famille royale n'a été si malheureuse que la famille des Stuart.

242. La justesse d'esprit combat les erreurs; la droiture de cœur combat les passions; l'une et l'autre de ces vertus est indispensable pour faire un honnête homme accompli.

243. Pour savoir se faire obéir, il faut mêler à propos la sévérité avec la douceur.

244. Observons avec bonté à ceux que nous aimons, les fautes dans lesquelles ils ont tombé et les mauvaises habitudes dont on voudrait qu'ils se corrigent.

245. Quel magnifique spectacle nous ont présenté les montagnes que nous avons gravi : ici, des torrents écumant tombant avec fracas de rocher en rocher et menaçant d'engloutir la vallée ; là, des masses de neige couronnant les sommets de la montagne ; là, un roc escarpé dont coule un petit ruisseau qui grossissant de moment en moment, devient à une demie-lieue une rivière navigable ; partout enfin des tableaux admirables et changeant presque à chaque pas.

246. L'on est bien près de se haïr quand l'on n'est plus disposé à une mutuelle indulgence.

247. Il s'établit une sorte d'habitude parmi notre

raison et nos défauts, qui les fait subsister ensemble sans qu'ils ne se fassent la guerre.

248. Est-il quelque chose que les grands imaginent ne pas savoir parfaitement, sans même l'avoir apprise?

249. Il y a une foule de gens qui n'aime que pour elles-même, et qui délaissent leurs amis dès que ceux-là leur sont devenu inutiles.

250. La paix rend un État fleurissant, riche, illustre :
  La victoire après soi ne porte qu'un faux lustre.

251. L'empereur Marc-Aurèle ne voulut pas que sous son règne, les charges soient vénales ; il disait avec raison que ceux qui achetaient étaient toujours disposé à vendre ce qu'ils avaient acheté.

252. L'on appelait autrefois les grands hommes de demis-dieux, par ce qu'ils tenaient le milieu entre Dieu et l'homme.

253. Personne n'envie celui qui n'a qu'une fortune médiocre : aussi il jouit d'elle sans trouble ni sans crainte.

254. L'amour-propre n'entend pas la raillerie quant l'on l'attaque du côté de l'esprit.

255. Une couronne de laurier s'achète bien chère et on ne peut l'obtenir à moins qu'on soit disposé aux plus nobles sacrifices.

256. Si nous chassions de nos cœurs l'intérêt et l'ambition, qui l'un l'autre nous trompe et nous abuse, nous éviterions bien des peines.

257. Le jeu, qui tire son origine de l'oisiveté et la cupidité, produit trois effets désastreux : ce sont la perte de temps, celle de la santé et celle de l'argent.

258. Notre ignorance nous ferait pitié, si notre vanité ne nous dérobait sa connaissance.

259. Il n'y a que la médiocrité et le mélange de la bonne et mauvaise fortune qui sont propres et ca-

pables de nous inspirer de la pitié pour le malheur des autres.

260. Depuis que la véritable amitié est disparu, c'est à l'intérêt auquel le soin de maintenir la société a été confié.

261. La victoire a resté durant treize années fidèle à Annibal; elle ne s'est tourné contre lui que quand les cavaleries gauloise, numide et espagnole, qu'il avait su jusque là retenir sous ses bannières, les eurent abandonné. Scipion les ayant séduit et acheté, elles passèrent du côté des aigles romains, et décidèrent contre Carthage en faveur de Rome les combats qui depuis ce moment furent successivement livré.

262. Le duc d'Olivarès, le jour du trépas de sa fille, qui lui ravit ses plus chères espérances, ne cessa pas de s'occuper des affaires de l'État.

263. La misère ne consiste pas autant dans la privation des choses comme dans le besoin qu'on se fait d'elles.

264. Jamais la nature ne s'écarte point des lois qui lui ont été prescrit; elle ne change rien aux plans qui lui ont été tracé, et dans tous ses ouvrages elle représente le sceau de l'Éternel.

265. Romulus n'avait pas établi des peines contre le parricide; il n'imaginait pas qu'un pareil crime puisse être commis; et pendant six siècles on n'en vit aucune exemple à Rome.

266. L'aigle fière et audacieuse dédaigne de s'attaquer aux faibles colombes; c'est à ceux qui lui disputent l'empire des airs à qui elle aime livrer combat.

267. Louis XII, un des meilleurs rois que la France a eu, fut accusé d'avarice par des gens mécontentes de ne pas se voir enrichi aux dépens du peuple.

268. Les vertus sociales sont celles qui rendent les hommes autant agréables qu'utiles à leurs amis et parents.

269. Sais-tu ce qu'il faut dire , et garder le silence
Dans l'exécution d'un dessein d'importance?

270. Racine , pour s'excuser auprès du roi de ce
qu'il ne l'avait pas suivi au siége de Mons , lui dit que
les villes qu'il avait assiégé avaient été pris plutôt que
les habits qu'il avait commandé n'avaient été fait.

271. L'usage diffère de la mode en ce qu'il a moins
d'inconstance ; mais l'usage , comme la mode, ne re-
connaissent pour règle que le goût.

272. Plus nous faisons des bonnes actions dans
notre jeunesse , et plus nous nous préparons des dou-
ceurs et des consolations pour notre vieillesse.

273. Le souvenir des malheureux qu'on a soulagé
cause une joie sans cesse renaissant.

274. Connaître les hommes et savoir employer à
propos les talents de chaque, est une science indispensable à ceux qui gouvernent.

275. Les liaisons , amitiés , attachements que forment les hommes sont plus tôt fondé sur l'intérêt
que l'estime.

276. Je ne suis plus le même enfin depuis deux heures ,
Ma comédie avant me semblait des meilleures ,
Et j'y vois maintenant des horribles défauts.

277. Ne nous hâtons point ni de faire des nouveaux amis, ni de quitter ceux que nous avons fait.

278. L'ambition abandonne rarement un cœur de
qui elle s'est emparé.

279. Ne croyez pas que vos actions sont louables
si vous voulez que l'on les ignore.

280. Un père ne remplit et ne s'acquitte de ses
devoirs vis-à-vis de ses enfants que s'il leur donne
des bonnes leçons et des excellents exemples à imiter.

281. Quels sont les sentiments nobles que n'a pas

éteint dans le cœur de l'homme l'ardente et l'insatiable soif de l'or?

282. Point d'effort de génie sans émulation; point de progrès dans un art sans un concours d'artistes animé à se surpasser l'un l'autre.

283. La langue italienne est regardé comme la fille de la langue latine; mais il s'en faut qu'elle a recueilli tout l'héritage de sa mère; l'Arioste, le Tasse mêmes auprès de Virgile ne sont que des successeurs apauvris.

284. Les nuages épais dont les éclairs s'échappent et qui portent le foudre dans leur sein, au lieu de ravager les campagnes, les fertilisent souvent par des pluies abondant.

285. La main ne peut retenir la pierre qu'elle a lancé, et la bouche les paroles qu'elle a proféré.

286. Ce n'est pas seulement des crimes et des malheurs qu'il faut à la tragédie, c'est des crimes anoblis et des malheurs illustres.

287. Qui cherche son bonheur dans les biens de ce monde,
Il bâtit sur le sable, et grave dessus l'onde.

288. Il est difficile de guérir certaines gens de la bonne opinion qu'elles ont de soi-même : presque toujours moins elles valent et plus elles se prisent.

289. Voltaire nous a observé, au sujet du *Menteur*, que le premier modèle du vrai comique, ainsi que le premier modèle du vrai tragique, le *Cid*, nous sont venu des Espagnols, et que l'un et l'autre nous a été donné par Corneille.

290. Il est étonnant qu'on ait donné autant de règles aux hommes pour leur apprendre à parler, et qu'on ne leur en ait pas donné aucunes pour leur enseigner à se taire.

291. Plus un discours est simple et plus il est noble; il est semblable en cela à ces lieux incultes que la

5*

nature a rendu si riches et si beaux, que l'art ne leur peut rien ajouter.

292. Rappelez-vous du mal pour le pardonner, et du bien pour en remercier.

293. Les malheurs inattendus dans lesquels les hommes ont tombé leur ont toujours causé une peine inconsolable.

294. L'ame qui s'est placé au dessus des vanités terrestres, et qui s'est fait une loi de ne s'attacher à aucuns des biens de la terre, n'aspire qu'à rentrer dans le sein de Dieu, dont elle est sorti.

295. Claudien disait que la vertu usait avec indifférence des biens de la fortune par ce qu'elle trouvait sa récompense en soi-même.

296. Celui qui ne sait pas parler ne sait pas aussi se taire à propos.

297. L'on juge des actions par l'événement : quoique Catilina et César étaient tous deux ennemis de la république, celui-ci fut blâmé des projets qu'il avait conçu, et celui-là loué des maux qu'il avait fait ou qu'il avait laissé faire.

298 La science ne donne pas des yeux, mais elle rend la vue meilleure et fournit à l'ame de quoi se conduire sûrement ; quant l'ame n'y voit goutte d'elle-méme, la science alors ne lui sert à rien.

299. La plupart des entreprises n'échoue que parce que l'on les exécute trop tôt ou trop tard après les avoir conçu.

300. La calomnie est comme la guêpe, qui vous importune, et contre qui il ne faut faire aucuns mouvements, à moins qu'on soit sûr de la tuer.

301. Combien d'hommes qui ont l'air capables et qui n'ont pas cependant ni sens ni conduite !

302. La vertu doit nous valoir le suffrage des autres ou nous apprendre à nous passer de lui.

303. Courir ne sert de rien ; partir à temps est le point essentiel.

304. Moins on tient de place et plus on se met fa-

cilement à couvert; un peu de mousse, une feuille suffisent au nid de l'oiseau.

305. Auparavant d'acheter une maison, sache quels gens tu dois avoir pour voisins; auparavant de te mettre en route, informe-toi du compagnon qui doit la faire avec toi.

206. Ceux qui sont élevé au dessus des autres entendent difficilement la raillerie.

307. Un grand nombre d'historiens nous observe, à propos de la nomination de Caïus Gracchus au tribunat, qu'il a été le premier qui est parvenu à cette dignité sans l'avoir brigué.

308. La modestie est au mérite ce qu'une gaze légère est à la beauté; elle peut, en apparence, diminuer son éclat, mais en réalité elle rehausse son prix.

309. C'est des secours et non des aumônes que doit la société à ceux qui ne se sont pas rendu coupables de leur misère.

310. Il y a moins d'ingrats qu'on le croit, car il y a moins d'hommes généreux qu'on le pense.

311. Certains vieillards aiment donner de bons préceptes; d'autres aiment mieux à donner de bons exemples.

312. Croit-on que le bonheur habite les palais,
    Est traîné dans un char, ou porté sous un dais?

313. Il faut des plus grandes vertus pour soutenir la bonne fortune qu'il en faut pour supporter la mauvaise.

314. Malheureuse! que deviendrai-je? Pauvre enfant abandonné sur une pierre devant l'église, dois-je me voir toujours repoussé, et suis-je condamné à mourir sans avoir vu et pardonné celle qui m'a dé laissé.

315. En supposant moins de certitude qu'il s'en trouve sur la vérité de la religion, la vertu serait encore le meilleur parti qu'on puisse prendre.

316. Prétendre s'opposer aux événements est souvent se placer dessous la roue d'une grande machine pour arrêter son mouvement.

317. C'est en soi-même que les vertus trouvent leurs délices les plus purs, leur bonheur le plus vrai.

318. La plupart des hommes se singe les uns et les autres, et appellent originaux ceux qui n'imitent pas l'exemple de la multitude.

319. Les Égyptiens se sont vanté d'avoir été les inventeurs de la peinture; mais ce n'est point eux qui l'ont mis en honneur; c'est dans la Grèce où elle s'est perfectionné; les Apollodores, les Zeuxis et les Apelles l'ont porté au plus haut degré de perfection qu'elle pouvait alors atteindre.

320. Si l'homme puissant est pardonnable d'abuser de son autorité, c'est seulement quand il le fait dans l'intérêt de tous.

321. Faites de suite ce que vous avez à faire; rien ne vous répond de l'heure qui doit suivre.

322. L'enfant doit aimer ses père et mère auparavant de savoir qu'il le doit.

323. Pour l'homme, il n'est pas de voix plus mélodieuses que celles chantant ses louanges.

324. Les grands exploits doivent s'exécuter sans délibérer, de peur que la considération du danger empêche qu'on les exécute.

325. Deux écrivains modernes, nés en Normandie comme les deux Corneilles, et unis au même degré qu'eux par les liens du sang, semblent avoir hérité de la vive amitié qu'ils se portaient l'un et l'autre.

326. Il y a peu de gens qui sont plus en état de bien conseiller que celles qui ont fait des grandes fautes.

327. Quels déplorables esprits que ceux à qui la vérité déplaît; et qui se sont fait les esclaves volontaires de la ruse et l'erreur.

328. Les zéro bien placé peuvent avoir une très grande valeur.

329. Voltaire a dit que l'amitié était dans le mal-

heur la première consolation , et que l'étude était la deuxième.

330. Il y a dans les hommes une humeur maligne qui les porte à se contredire l'un et l'autre.

331. Il n'est rien dont le temps ne vient à bout ; il use le fer, le marbre , et consomme les corps le plus durs et le plus solides.

332. Il y a la même distance entre les dilettantis et les musiciens qu'entre des amateurs et des artistes.

333. Quelque chose qu'on a à faire, quand on le fait bien , on se rend utile à la société.

334. On demande à cette noble femme si elle était prête à mourir pour confesser la foi de Jésus-Christ, et elle répondit avec courage : Je la suis.

335. Il faut , à la cour d'un despote , des hommes rampant, obéissant au moindre signe et se soumettant à tous les caprices du maître.

337. Les vrais Romains sont disparu de Rome avec l'austérité républicaine ; Caton a demeuré seul comme une statue colossale au milieu des ruines.

338 L'on ne peut citer un grand nombre d'hommes vicieux qui se sont élevé à un haut degré dans les sciences ou les arts.

339. Chaque peuple a son hymne nationale , que tout le monde, femmes, enfants, vieillards, savent par cœur.

340. L'attrait de la vie domestique est le plus sûr des contre-poisons qu'on peut opposer aux mauvaises mœurs.

341. Les merveilles que l'imagination s'est plu à se créer se sont toujours évanoui quand la raison s'est fait jour.

342. Dans tous les arts, les grands-maîtres sont rares : les Racines ne sont pas plus communs que les Raphaël , les Molière que les Michel-Ange.

343. Tous les êtres ont été combiné de manière qu'ils forment un ensemble d'où résulte l'harmonie de l'univers.

344. Pygmalion n'était environné que de gens intéressés, artificieuses, prêtes d'exécuter ses ordres injustes et sanguinaires ; de tels gens cependant craignaient l'autorité d'Astarbé, et ils l'aidaient à tromper le roi.

345.   Le père fut sage
    De leur montrer, avant sa mort,
    Que le travail était un trésor.

346. Les avantages de la noblesse sont conditionnels ; il faut, pour les mériter, imiter les bons exemples de ses aïeux.

347. Il est raisonnable en ce monde de désespérer de rien, et il est prudent de compter sur rien.

348. Inviter quand l'on peut contraindre, conduire quand l'on peut commander, est l'habileté suprême.

349. Les personnes d'une imagination vive mentent aisément : chez eux la fiction et la vérité se confond.

350. Auparavant de nous plaindre de notre sort, nous devrions examiner si nous n'avons pas mérité qu'il soit plus rigoureux.

351. Le plus grand bien auquel on peut prétendre est de mener une vie conforme à ses penchants et ses goûts.

352. Qui pense bien à ce qu'il veut faire, il s'évite la confusion d'avoir fait des sottises.

353. Quel peuple eût été plus heureux que le peuple égyptien si l'on lui eût abandonné les sommes énormes qu'ont coûté les monuments inutiles qu'on lui a fait élever.

354. Ceux qui crient trop hauts contre les maux de la patrie à qui on ne peut remédier, les augmentent presque toujours.

355. Il est une foule d'élèves qui passent plus de temps dans le cours de leurs études à faire des pensum que des devoirs.

356. Ce n'est pas les critiques injustes ou violentes qui font davantage de mal, c'est les éloges donné sans discernement.

357. C'est une folie de vouloir élever l'homme à une perfection qu'il n'est pas susceptible d'atteindre.

358. Quand Hippias demanda à Lœena si elle était la complice d'Harmodius et Aristogiton : Je le suis, répondit-elle.

359. Combien d'exemples fameuses n'a-t-on pas à citer pour prouver que la vieillesse n'est pas toujours inactive ni sans gloire : les Nestors, les Catons, les Sophocles, dans les temps anciens, n'ont-ils pas eu une vieillesse autant utile que glorieuse ; et dans les temps modernes, n'avons-nous pas vu les Fontenelles et les Voltaires rajeunissant, à la fin de leur carrière, leurs premiers triomphes par des éclatants succès ?

360. Tous les partis triomphant se sont grossi tour à tour de tous ceux animé de l'ambition et dévoré de la soif de la vengeance.

361. En tous les temps les Romains se ressouvinrent et citèrent avec mépris le nom de Spurius Carvillius qui divorça le premier.

362. Il n'y a ordinairement personne moins curieuse d'apprendre que les gens qui ne savent rien.

363. Les honnêtes gens sont celles pour qui une promesse, une parole, sont sacrées.

364. La morale et le bon sens découpé et répandu en proverbes, sentences et maximes, peut améliorer les mœurs d'une nation.

365. Les Guise ont été extrêmes dans le bien et dans le mal qu'ils ont fait à l'État.

366. Ronsard et ses contemporains ont plus nui au style qu'ils lui ont servi.

367. Plus je suis avancé en âge, disait Franklin, et plus j'ai appris à me défier de mon propre sentiment et respecter celui des autres.

368. C'est le fils du sage Ulysse, c'est moi qui vous répond de toutes les choses qu'on vous a promis.

369. Les belles actions ne sont jamais mieux raconté que par ceux qui les ont fait.

370. Les erreurs et préjugés naissent d'observations mal fait et de conséquences qu'on a maladroitement déduit.

371. La coupe de la vie, quelle que douce qu'elle soit, est fade si quelque larmes amères n'y ont pas tombé.

372. La dernière ressource de la république romaine sembla périr en Espagne avec les deux Scipions.

373. Un coupable puni est une exemple qui intimide ceux capables d'en agir comme lui; un innocent condamné est une menace à toutes les gens de bien.

374. Les lions de petite taille ont environ cinq pieds et demis de longueur sur trois pieds et demis de hauteur.

375. La politesse est comme les eaux courant qui rendent uni et lisse les cailloux le plus durs.

376. Au théâtre les a-partés déplaisent, à moins qu'ils soient rares et courts.

377. Les créatures retourneraient toutes dans le néant dont elles sont sorti, si la main tout-puissante de Dieu ne les conservait.

378. A l'époque des tournois, après s'être battu à outrance et s'être quelquefois cruellement blessé, on s'embrassait, et on restait sincèrement ami.

379. Dieu, pour éprouver Jacob, permit qu'il soit soumis à des rudes épreuves.

380. Malheur à vous, rois de la terre qui avez rendu misérables les peuples que vous auriez dû protéger; les larmes que vous avez fait couler, Dieu les a compté.

381. La civette, comme le renard, cherchent à entrer dans les basse-cour pour emporter les volailles.

382. Le sage, à tel spectacle qu'il soit, fixe ce qu'on

lui montre, et ne cherche pas à voir ce qu'on veut lui cacher.

383. Il est difficile de pardonner les coupables sans qu'on ne nuise par quel que côté aux gens de bien.

384. C'est le propre des hommes habiles de voir tout par eux-même, et aussi d'écouter et profiter des avis des gens habiles.

385. Les hommes en un même jour ouvrent leur ame à de petites joies et se laissent dominer par des petits chagrins.

386. Notre religion est né dessous le chaume des pêcheurs; elle s'est propagé entre les persécutions; elle a choisi des catacombes pour ses premiers temples, et c'est sur des tombeaux où elle a dressé ses premiers autels.

387. L'on retombe dans ses fautes, et on s'en rend de nouveau coupable quant l'on les oublie.

388. C'est dans l'enfer, ce profond et ce vaste abîme, où toutes les souillures humaines vont se perdre.

389. Le parti le plus court et celui qui ne nous laisse aucuns regrets, est de se livrer à sa bonté sans examiner si les autres sont dignes d'elle.

390. La plupart des poètes descriptifs peignent la nature qu'ils ont vu dedans des livres, et non celle exposé à leurs regards.

391. Il n'est pas donné à tous les généraux d'avoir ce courage intelligent, et cette prudence merveilleuse qui fit la gloire de Turenne.

392. Quelques nègres croient que les singes ont le don de la parole, mais qu'ils n'en veulent pas faire usage de peur qu'on les fasse travailler.

393. Celui qui obéit à ses passions est capable de rien : c'est pour cela qu'il n'est pas plus propre que digne de commander.

394. Il n'y a rien qui se soutient si long-temps

qu'une médiocre fortune; il n'y a rien dont on voit mieux la fin qu'une grande.

395. Beaucoup de personnes trouvent plus commode de s'en tenir à l'autorité que de consulter la raison ; la première est pour ainsi dire dessous la main, la deuxième habite un mont escarpé que tou le monde n'a pas la force et le courage d'atteindre.

396. Le sable de la mer Caspienne est tant subtil, que les Turcs disent en proverbe qu'il pénètre à travers de la coque d'un œuf.

397. Les sciences et les arts se tiennent les uns et les autres par des liens caché que le génie seul a aperçu et compris ; lui seul est susceptible de juger des rapports mutuels qu'ils ont entre eux, sentir leurs vraies beautés et admirer ce qu'ils ont de sublime.

398. Il n'est jamais sain de marcher nus-pieds et nue-tête : cependant on voit une foule de paysans qui s'expose la tête nu aux ardeurs le plus vives du soleil, et travaille les pieds nu dans des terrains froid et humides, sans que leur constitution n'en soit altérée.

399. En matière de religion, la soumission est la source des lumières ; plus on veut raisonner et plus on s'égare.

400. On comptait environ sept cent grands fiefs en Angleterre du temps de Guillaume-le-Conquérant, et plus de soixante mil arrières-fiefs.

401. L'homme se tourmente vainement et consomme sa vie dans des soucis inutiles, par ce qu'il ne sait pas mettre des bornes à ses désirs.

402. Il me semble que l'esprit de politesse ne soit qu'une certaine attention à contenter et plaire aux autres par nos paroles et par nos manières.

403. L'incendie a ruiné une déplorable famille, dont le chef avait amassé à grand'peine une petite fortune qui lui a été ravie tout à coup.

404. Tous les historiens ont raconté que les dames romaines, en applaudissant aux jeux sanglants des

gladiateurs, exigeaient que les vaincus expirent avec grace.

405. Quelque chose qu'on m'a dite me fait soupçonner que vous et votre frère étaient trompé par des gens que vous n'avez pas cru indignes de votre amitié.

406. Dans le sac de Troie, ni les femmes, ni les enfants, ni les vieillards ne furent pas épargné ; les tombeaux, les temples mêmes, rien ne furent respectes.

407. Le goût a quelque chose de bizarre, et souvent les choses que l'on admire davantage, sont celles qui méritent le moins de l'être.

408. Il semble qu'il devrait suffire que la vérité se montre à nous pour se faire aimer, et qu'elle nous montre à nous-même pour nous apprendre à nous connaître et nous juger tels que nous sommes.

409. La prière apaise le courroux de Dieu et retient le foudre prêt d'échapper de sa main.

410. La fortune et le temps distribuent, celle-ci avec caprice, celui-là avec équité, les récompenses et les châtiments.

411. Trop de fantaisie embarrasse le train de la vie, comme trop de bagages entrave la marche d'une armée.

412. L'éternité est une grande aire dont tous les siècles se sont envolé comme des jeunes aiglons ; ils ont traversé le ciel, et la plupart a déjà disparu.

413. Si les sacrifices à la vertu coûtent souvent à faire, il est toujours doux de les avoir fait, et on n'a jamais vu personne qui s'est repenti d'une bonne action.

414. Ce qui fait voir que les hommes connaissent mieux leurs fautes qu'on ne pense est qu'ils n'ont jamais tort quand ils parlent de leur conduite.

415. Une tombe ! voici le terme où nous devons tous parvenir ; auparavant d'y arriver, semons du

moins de quels que actes de bienfaisance la route qui nous y mène,

416. Si la frivolité a quelque avantage, c'est que des petites joies lui font oublier des grands sujets de chagrin.

417. Ici-bas rien n'est certain que la mort ; tout le reste repose sur des peut-êtres ; les espérances le mieux fondé nous trompent, et les biens sur la possession de qui nous croyons pouvoir compter nous échappent tout d'un coup : combien de riches n'avons-nous pas vu mourir de misère ; combien de pauvres nés dans l'obscurité n'avons-nous pas vu terminer leur carrière au sein de l'opulence et la grandeur !

418. Salomon et Job ont les mieux connu la misère de l'homme et ont les mieux parlé d'elle.

419. Disparu dans l'abime où son orgueil le plonge,
    Les grandeurs du sénat ont passé comme un songe.

420. La délicatesse est à l'humanité ce que la grâce est à la beauté ; souvent un mot, un regard, sont un acte de bienfaisance.

421. L'expérience a démontré que le plus faible ennemi pouvait faire davantage de mal que l'ami le plus zélé pouvait faire de bien.

422. Quelle qu'éclatante qu'est une action, elle ne doit point passer ni pour noble ni pour grande quant elle n'est pas l'effet d'un noble et d'un grand dessein.

423. L'usage trop fréquent des plaisirs diminue leur charme et nous y rend insensibles ; l'on finit par se lasser d'eux, comme des affaires.

424. Il est peu d'hommes qui savent résister aux épreuves d'une longue adversité ; on en a vu beaucoup à qui les revers ont arraché le secret de leur bassesse, et qui dans leur chute ont descendu plus bas que leur fortune.

425. Le corps des oiseau-mouche n'est pas plus gros que nos noisettes communes; leur langue est fourchue et ressemble à deux brins de soie rouges.

426. Les églogues de Gessner que j'ai entendu vanter si souvent sont des plantes analogues au climat qui les a vu naître.

427. La passion est autant rarement d'accord avec l'intérêt, comme la raison avec la passion.

428. Quels que auteurs traitent la morale comme on traite la nouvelle architecture, où on cherche auparavant tout autre chose la commodité.

429. Bâtir des superbes palais, élever des vastes et des somptueux édifices est fournir une ample matière à la voracité du temps.

430. Ne dites pas à votre ami qui vous demande quelque chose : « Allez et revenez, je vous la donnerai demain, » lorsque vous pouvez la lui donner de suite.

431. La réminiscence est le plus léger et le plus faible des souvenirs, ou plus tôt, c'est un ressouvenir si faible et si léger, qu'en nous rappelant d'une chose nous ne nous rappelons qu'à peine d'en avoir eu quelque idée.

432. Il y a un nombre infini de gens qui sacrifie tout son bien à des espérances douteuses et éloignées ; d'autres méprisent des grands avantages à venir pour des petits intérêts.

433. Ce ne sont pas toujours le refus qui offense et le don qui oblige ; il y a un certain art de se conduire dans l'une et l'autre circonstance qui est connu par peu de personnes.

434. Dans les méchants, haissez le crime ; mais s'ils reviennent à la vertu, recevez-les dedans votre sein comme s'ils n'avaient jamais fait des fautes.

435. Ce n'est pas les grandes choses qui sont belles, c'est les belles qui sont grandes.

436. Tout passe, tout fuit sur cette terre ; nous sommes emporté par le rapide tourbillon du temps,

et, l'heure qui nous a vu entrer sur la scène n'est
éloigné que de quelque instants de celle qui doit
nous en voir disparaître, durant ce court et ce rapide
espace, nous sommes livré à une agitation, à un
mouvement perpétuels; des vains plaisirs, des fausses
espérances, des continuelles inquiétudes nous agi-
tent : l'ambition, l'avarice, l'orgueil, l'envie, un
monde entier de passions tyrannisent et déchirent
notre cœur; la mort enfin arrive, et remet en terre
en possession de cette partie de nous-même qu'elle
nous avait prêté que pour un temps, et que leur
l'un après l'autre, nous sommes forcé de rendre au
jour qui nous a été assigné.

437. L'on peut croire qu'un ami nous trompe;
mais on ne doit jamais soupçonner qu'il veut nous
tromper.

438. Un honnête homme condamne souvent en lui-
même ce que le monde approuve en lui.

439. L'on trouve dans l'histoire peu de maisons de
qui plusieurs membres se sont distingué; c'est pourquoi l'on a dit depuis long-temps que rien n'était
plus lourd à porter qu'un grand nom.

440. Il est mal de se rappeler et de parler d'une
injure qu'on a pardonnée; elle doit être enseveli dan
le silence et dans l'oubli.

441. Si la politesse n'équivaut pas à la bonté, elle
a du moins ses apparences et son charme.

442. Voulez-vous attacher quelqu'un à vos intérêts? comptez davantage sur les bienfaits qu'il attend
de vous que sur ceux qu'il en a reçu; car l'espérance
a davantage de force sur l'esprit de l'homme que la
reconnaissance.

443. L'orgue de l'église royale de Saint-Denis
peut être citée comme une des plus grandes et des
plus complètes qui existent : elle renferme six mil
tuyaux environ, entre lesquels il y en a de trente-
deux pieds de long et de douze cents livres pesants.

444. Il ne suffit pas, pour être estimable, d'ob-

server et de s'assujettir extérieurement aux bienséances; c'est les sentiments qui forment le caractère
qui conduisent l'esprit, qui gouvernent la volonté,
qui garantissent et répondent de la réalité et de la
durée de toutes les vertus. Quel sera le principe de
tous ces sentiments? la religion: c'est d'elle, quant
elle sera gravée dans notre cœur, d'où découleront
toutes les vertus?

445. Le bonheur est comme la santé; il faut qu'il
soit dans les hommes sans qu'ils l'y mettent eux-
même; et s'il y a un bonheur que la raison produit
il ressemble à ces santés qui ne se soutiennent seulement qu'à force de remèdes.

446. Les hommes de tous les siècles ont les mêmes
penchants, contre qui la raison n'a aucune force et
aucun pouvoir.

447. Tous les matins nous entendions mil oiseaux
dans les bois qui nous ravissaient par une douce et
une suave harmonie.

448. Quel homme hésiterait de faire les plus grands
sacrifices, quant ce sont la patrie, l'honneur, Dieu
qui les commandent?

449. Qui mieux que les philosophes chrétiens a
sondé les abîmes du cœur et de la pensée? qui a
mieux révélé leurs secrets? qui a mieux expliqué la
lutte de nos penchants avec la raison, mieux signalé
les éternels et les impérissables caractères du bien et
du mal? qui enfin a mieux tracé les limites qui sépare
à jamais les vices des vertus?

450. Quiconque voudrait ramasser toutes les choses
que madame de Sévigné a dit en sa vie d'un tour fin,
agréable, naturellement et sans affecter de les dire,
il n'aurait jamais fini.

451. Quand l'on récompense bien ceux qui excellent dans les arts, on est sûr d'avoir bientôt des hommes qui y atteignent la perfection.

452. Le commerce est comme certaines sources:

si vous voulez détourner leur cours, vous les faites tarir.

453. Achille apprit du centaure Chiron, à qui son éducation avait été confiée, à tirer l'arc et le maniement de toutes les armes offensives.

454. Auparavant qu'ils prennent les armes, ces deux peuples se sont fait des mutuelles et des fréquentes provocations : aussi, lorsque la guerre est commencée, il n'était plus possible qu'ils en viennent à un arrangement pacifique, car ils s'étaient si souvent insulté mutuellement l'un et l'autre que les voies de conciliation ont dû être rejeté de part et d'autre.

455. La contenance noble et fière du général en imposa aux mutins.

456. Quand on est jeune l'on imagine que la santé comme la force sont des avantages dont on doive jouir sans fin ; l'une l'autre nous abandonne si vite au contraire que c'est à peine si nous avons le temps de jouir d'elles.

457. L'école militaire fut fondée par Louis XV en mille sept cents cinquante et un, pour l'instruction de cinq cent enfants de gentilshommes sans fortune.

458. Le plus beau cortège qu'un prince peut avoir est le cœur de ses sujets. Heureux le roi qui compte ses sujets par le nombre des heureux qu'il a fait.

459. Dans un triste cachot, abandonné vingt ans,
    Mes larmes t'imploraient pour mes tristes enfants.

460. L'attachement ou la reconnaissance de ceux que nous avons obligé doivent être notre plus douce récompense.

461. Nous sommes montés pendant plus de cinq heures et demies sans avoir pu atteindre le sommet de la montagne.

462. Constantin ne vit pas, ou ne voulut pas voir

que transporter le siége de l'empire à Byzance était ébranler ses plus solides fondements.

463. La flatterie n'a autant de charmes que par ce qu'elle nous paraît confirmer le jugement de notre amour-propre.

465. Si vous aviez tous, disait Démosthènes aux Athéniens, autant de résolution comme de courage, je répondrais de votre liberté, et que vous n'auriez pas à souffrir le mépris des Macédoniens.

466. Un curé est établi dans sa demeure comme une garde avancée aux frontières de la vie, pour recevoir ceux qui entrent et ceux qui sortent de ce royaume de douleurs.

467. Aristophane fleurissait dans le siècle des Socrates des Euripides, auxquels il survécut ; ce fut durant la guerre du Péloponèse où il parut avec davantage d'éclat.

468. Il ne faut pas, comme l'ont fait quelques poètes, confondre le nectar avec l'ambroisie : celui-ci était le breuvage, celle-là la nourriture des dieux.

469. Vous croyez, à l'abri de votre caractère,
    Pouvoir impunément défier ma colère,
    Et que mon cœur, tremblant à l'aspect de ce lieu,
    Va mettre au même rang le ministre et le dieu.

470. Nous nous éviterions bien des chagrins si nous savions nous contenter de notre fortune.

471. Dans les hommes, ce n'est pas, quoiqu'en dit le proverbe, la physionomie qui est trompeuse, c'est les manières, et surtout les discours.

472. L'automne prochaine, nos troupes doivent de nouveau entrer en campagne, qui durera jusqu'à ce que le mauvais temps les force à prendre leurs quartiers d'hiver.

473. L'usage des bains-maries date de la plus haute antiquité.

6

474. La sincérité est le visage de l'ame; la dissimulation n'est que son masque.

475. Voyez ces moissonneurs regagnant leur chau-
mière et pliant dessous le poids de leur gerbe; ils ne
se rappellent plus de leur peine en songeant à leur
fardeau.

476. L'activité est autant nécessaire au bonheur
comme l'agitation lui est contraire.

477. Les personnes sensibles désirent que l'on les
aime; les personnes vaines ne sont pas contentes à
moins que l'on les préfère.

478. Il est aussi insensé comme coupable de ne
pas épuiser toutes les ressources de la modération
auparavant d'en venir à des cruelles extrémités.

479. L'indécision est le partage de la médiocrité:
l'homme supérieur voit de suite le but, l'obstacle et
le meilleur moyen de le surmonter.

480. Les montagnes sont comme les cours, leur
grandeur impose; mais on est bientôt dégoûté de
leur séjour à moins qu'on y ait été élevé.

481. J'ai remarqué qu'à un certain degré le froid
et le chaud produisaient une sensation semblable:
chacun a pu remarquer qu'il en était souvent ainsi
de la douleur et du plaisir.

482. Une vertu dedans le cœur est un diamant
dessus le front.

483. C'est un plaisir bien vide d'avoir affaire à tels
gens qui sont toujours près d'admirer tout, et qui
ne trouvent jamais rien qui leur paraît à reprendre.

484. Ah! si d'une autre chaîne il n'était point lié,
L'offre de mon hymen l'eût-il tant effrayé?

485. Chaque fois que Bougainville descendait à
Otaïti, il offrait aux habitants une couple des animaux d'Europe le plus utiles.

486. Les larmes ont bien souvent obtenu les grâces

qu'on eût refusé aux supplications et prières; parler de sa douleur est rien, le prouver est tout.

487. Jouis des bienfaits de la providence, voici la sagesse; fais jouir d'eux les autres, voici la vertu.

489. Il n'appartient qu'à l'aigle fière et superbe de fixer le soleil.

490. Les événements prévus par les bons esprits ne manquent guère d'arriver; mais la fortune se réserve deux secrets : ce sont le temps et le moyen.

491. Newton, le plus fort de tous les hommes quand à l'intelligence, n'a commencé l'histoire du monde qu'au deuxième chapitre; il a laissé à Dieu le soin de faire le premier.

492. Combien on aurait pu faire des heureux avec tout le bonheur que les riches ont dépensé sans profit pour soi-mêmes.

493. La patience ne serait pas une vertu tant précieuse, si elle ne servait autant à faire espérer le bien comme à faire supporter le mal.

494. Le glaive de la loi est souvent trop court pour atteindre le crime; mais rien ne saurait échapper au foudre que Dieu tient suspendu dessus la tête des coupables.

495. Les aliments qui plaisent le plus au goût sont ceux qui conviennent les moins à la santé.

496. Le cimier était autrefois en France la plus grande marque de distinction : l'on le portait dans les tournois, où aucuns combattants ne pouvaient être admis sans qu'ils aient fait preuve de noblesse.

497. Celui qui ne connaît pas le charme du travail, il ne connaîtra que trop tôt le dégoût des plaisirs.

498. Hélas! de l'avenir vains juges que nous sommes!
Ignorer et souffrir, voici le sort des hommes.

499. Les choses sont si bien arrangé que la joie du succès est toujours proportionné et en raison de la peine qu'on s'est donné pour réussir.

501. C'est les premiers chrétiens qui ont donné le nom de cimetières, c'est-à-dire dortoirs, aux catacombes où étaient enseveli leurs morts; aujourd'hui, c'est aux sépultures situé en plein air auxquelles ce nom est consacré.

502. Également propice à tous les hommes, la nature a mis le bonheur à la portée de chaque; il ne faut seulement que savoir le choisir.

503. Des ex-votos sont des offrandes pieuses faites dans le but d'accomplir un vœu.

504. L'esprit est un ressort très propre et très capable d'augmenter la force de la vertu; il est semblable à ces liqueurs fortes qui, mêlé à d'autres substances, développent leur parfum.

505. Passer de la pauvreté à l'opulence, est seulement changer de misère.

506. Les philosophes chrétiens qui ont dit que cette vie n'était qu'un temps d'épreuves, qu'un passage pour arriver à une meilleure vie, ont consacré une vérité consolant, et ont rendu le plus bel hommage aux attributs de la Divinité.

507. Quand l'on se porte bien, l'on donne facilement des bons conseils aux malades.

508. Lorsque les chagrins se sont appesanti dessus moi et que je n'ai plus trouvé dedans le cœur des hommes ce que le mien désirait, la nature inanimée sur qui je portais mes regards m'a paru consolant; je m'affectionnais aux arbres, aux rochers, mêmes, et il me semblait que tous les êtres de la création fussent des amis que Dieu m'avait donné.

509. C'est au milieu des dangers où il faut voir un homme pour connaître ce qu'il est réellement; car c'est du fond de son cœur d'où la vérité jaillit alors.

510. Survivante au pouvoir, l'immortelle pensée.
     Reine de tous les lieux et de tous les instants,
     Traverse l'avenir dessus l'asile du Temps.

511. Le pin élevé est plus souvent agité de l'aquilon que les humbles et les modestes arbustes; c'est les tours les plus hautes que le foudre menace davantage, et c'est celles exposé à la chute le plus terrible.

512. Le premier châtiment que subisse un coupable est de se sentir condamné de soi-même.

513. Ces torrents rompant tout d'un coup leur digue, se sont précipité dans les vallées et ont renversé les objets qu'on leur avait opposé; champs, maisons, troupeaux, rien n'ont échappé à leur fureur; les fermiers ont vu en un moment leurs espérances de l'année détruit; les agriculteurs qui étaient tout préparé à recueillir et rentrer des moissons abondant, les ont vu dispersé sans qu'aucun d'eux ne puisse rien sauver au désastre.

514. Une toute autre place que la première ne convenait pas à César.

515. Artaxerce était surnommé Longue-Main parce que les bras lui tombaient jusqu'aux genoux, et non à cause qu'il avait une main plus longue que l'autre.

516. Les ennuis et les regrets consomment presque toujours un homme qui a été assez insensé pour passer sa jeunesse toute entière dans les plaisirs et dans les voluptés.

517. Il semble que la rusticité n'est autre chose qu'une ignorance grossière des bienséances.

518. C'est ceux qui méritent le plus d'éloges qui supportent le plus patiemment les critiques.

519. Qu'il est triste, le sort des orphelins qui ont perdu leurs parents durant leur enfance.

520. Amphion, troisième roi d'Athènes, passe pour avoir trouvé le premier le secret de mêler l'eau au vin.

521. L'industrie supplée la diversité des terrains et rassemble vingt climats en un seul.

522. Que d'hommes n'ont pas assez d'esprit pour bien parler et assez de jugement pour se taire !

523. Lorsque les dieux offraient un élysée aux sages,
Était-ce des palais? c'était des verts bocages,
C'était des prés fleuris, séjour des doux loisirs,
Où d'une longue paix ils goûtaient les plaisirs.

524. Les hommes ne pouvaient pas manquer d'être malheureux : ils les sont l'un par l'autre et les sont par eux-même.

525. Le commerce, qui a été si fleurissant l'année dernière, éprouva cette année une crise terrible qui a compromis un grand nombre de fortunes.

526. Que peut contre le roc une vague animée?
Hercule est-il péri sous l'effort de Pygmée?

527. Quelque soit la contrée que le moineau habite, on ne le trouve jamais dans les lieux déserts, et même dans ceux éloignés du séjour de l'homme.

528. C'est du fond d'une retraite de voleurs d'où se sont élancé les conquérants qui ont imposé si long-temps des lois au monde.

529. Dans cette longue et cette malheureuse guerre, que de fautes grossières a fait l'un et l'autre parti, que d'horribles cruautés il a commis.

530. L'on ne peut nier qu'Aratus ait été l'un des plus grands hommes de son temps.

531. Si les malheurs qui nous ont frappé nous ont paru terribles, c'est que le plus souvent notre imagination s'est plu à les grossir; le sage qui les a mesuré avec le compas de la raison a toujours trouvé en soi assez de force pour leur résister.

532. Quoique cet homme a toujours noblement usé de son crédit, il lui est resté après sa chute peu d'amis que lui avait fait sa fortune.

533. C'est à Meaux, qui plus tard eut pour évêque le plus illustre des prélats qu'a possédé la France, où les protestants commencèrent à prêcher.

534. L'intégrité est la première vertu d'un juge; rigoureusement même elle peut suppléer toutes les autres.

535. L'homme ne règne sur la nature que par droit de conquête : il jouit plutôt qu'il possède.

536. Quand des hommes se sont toujours montré froids et durs, on est plus sensible et plus content de l'intérêt qu'ils prennent à ce qui nous touche que de celui qu'on inspire aux autres.

538. La philosophie, comme l'ont remarqué les historiens que vous avez étudié, n'a pas tant d'inconvénients pour les petits États comme pour les grands.

539. C'est surtout durant qu'on est jeune qu'il faut travailler; car les forces peuvent manquer auparavant qu'on ait atteint à la vieillesse.

540. L'objection qu'on a le plus souvent répété contre le mouvement de la terre, est que les oiseaux devraient, quant ils volent, voir la terre fuir dessous leurs pieds.

541. Brutus reprocha à Cassius les rapines qu'il avait laissé exercer en Asie, et dont ses soldats s'étaient rendu coupables.

542. Il est rare que le mépris ou l'indifférence qui succèdent à l'admiration ne soient pas bien fondé.

543. Que d'hommes illustres, que de citoyens utiles ont été fait mourir durant cette funeste et cette désastreuse époque.

544. Si les gens qui ont l'air assurés nous trompent, ceux qui ont l'air modestes nous imposent plus souvent encore; on se défie de ceux-ci, et on se livre avec confiance à ceux-là.

545. Tout les condamnés ne jouissent pas du bénéfice d'un armistice; ce n'est jamais que ceux ayant encouru des peines légères.

546. Nous entendimes une foule de serpents sifflant au fond de la caverne, nous crûmes les voir rampant alentour de nous ou suspendu dessus nos têtes.

547. L'intérêt puissant qu'offre le personnage tragique de Philoctète n'est pas échappé à l'un des plus illustres élèves de l'antiquité.

548. Sire, écrivait le maréchal de Luxembourg à Louis XIV, vos ennemis ont fait des merveilles, mais vos troupes en ont fait plus encore, vous m'avez dit de prendre une ville, je l'ai pris ; de gagner une bataille, je l'ai gagné ; tous les ordres que vous avez donné, on les a fidèlement exécuté.

549. Nulles fatigues ne pouvaient pas dompter ni les forces du corps d'Annibal ni la fermeté de son courage.

551. Il y a certaines choses de qui la médiocrité est insupportable ; ce sont la poésie, la musique et la peinture.

552. Quels travaux n'ont-ils pas eu à supporter, et quels périls ne leur a-t-il pas fallu surmonter pour atteindre le port !

553. L'on ne peut être sûr de la vérité si on ne l'a pas entendu annoncer d'une manière claire et positive.

555. Il est souvent arrivé que les méchants se sont nui à eux-même auparavant de nuire aux autres.

556. Madame, c'est à vous à prendre une victime,
    Que les Scythes auraient dérobé à vos coups,
    Si j'en avais trouvé d'autant cruels que vous.

557. Tous ceux qui se sont montré plus grands que leurs malheurs nous ont convaincu qu'ils en étaient indignes.

558. Nous sommes tout de feu pour vanter nos productions, et tout de glace pour louer celles des autres.

559. Tell, Werner, Arnold, vous êtes les trois héros qui avez affranchi la Suisse d'un joug odieux.

560. La routine supplée quelquefois l'esprit, mais jamais le bon sens.

561. Les deux heures que le malade a dormi lui ont procuré beaucoup de soulagement.

562. De quelque calomnies qu'on ait voulu me noircir, quelque faux bruits qu'on ait semé sur moi, j'ai pardonné sans peine à ces petites vengeances.

563. Du fond des déserts s'est élancé tout d'un coup une nation barbare et inconnu que poussait le fanatisme et une aveugle audace. Renverser les empires pour s'élever dessus leurs ruines, c'étaient là son espérance et son but ; faire régner partout la mort, la solitude et l'esclavage, telle était sa pensée et sa politique. Un moment la victoire l'a favorisé ; mais sa puissance, qui s'était établi par la terreur, s'est évanoui et est disparu presque aussitôt.

565. Miltiade fut jeté en prison, malgré qu'il eût sauvé Athènes d'un péril éminent.

566. Damon et Pythias, tous deux élevés dans les principes de Pythagore, s'étaient juré l'un l'autre une amitié, un attachement inviolables.

567. A force de vaincre, un peuple doit s'attendre à l'être à son tour ; les défaites sont des rudes leçons de qui les vaincus ont toujours profité.

568. Comme la vérité n'a qu'une route et que l'erreur en a mil, il est facile que l'homme s'égare.

569. Allons goûter en campagne les doux loisirs et le repos que nous n'avons pas trouvé parmi les assemblées et les divertissements.

570. Ceux qui savent beaucoup admirent peu, et ceux qui savent rien admirent tout.

571. Il est plus facile de jeter du ridicule sur une belle action que d'imiter les nobles exemples.

572. Un homme médisant n'est jamais qu'un homme médiocre ; c'est de sa stérilité d'où naît son besoin de médire ; et par ce qu'il sent son insuffisance, il tâche de suppléer les qualités qui lui manquent en contestant celles possédées par les autres.

573. Nous n'imputons nos malheurs à la fortune que pour nous éviter la honte de nous les être attiré.

6*

574. Les plus grandes ames sont celles s'arrangeant les mieux dans la situation présente, et dépensant les moins en projets pour l'avenir.

575. Après s'être démis de la dictature, Sylla cria tout haut, en fixant le peuple avec assurance, qu'il était prêt de rendre compte de sa conduite.

576. Nous vous reconnaissons très bien ; vous êtes les deux botanistes qui exploriez les Alpes quand nous les avons visité.

577. Nous mériterions qu'un ami nous quitte si nous cessons de l'aimer par ce qu'il nous a abandonné.

578. Dans la dernière rencontre, les ennemis ont eu cinq à six de leurs meilleurs officiers de tué.

579. La France consume aujourd'hui une plus grande quantité de denrées coloniales qu'elle n'en a jamais consumé à aucunes autres époques.

580. La grâce de la nouveauté et la longue habitude, qu'elles qu'opposé qu'elles sont entre elles, empêche que nous sentions les défauts de nos amis.

581. Les quatre années que ces prisonniers ont langui au fond d'un cachot humide a complétement altéré leur santé.

582. Envier quelqu'un est s'avouer son inférieur.

583. Un honnête homme a presque toujours plus d'esprit qu'il lui en faut ; un fripon n'a pas assez de tout le sien.

584. Tant que l'exemple ne sanctionne pas et ne vient pas à l'appui de la leçon, celle-là reste sans effet.

585. Hélas ! j'étais aveugle en mes vœux aujourd'hui ;
J'en ai fait contre toi quant j'en ai fait pour lui.

586. C'est en quelle que sorte participer d'une bonne action que de la louer de bon cœur.

587. Après avoir empêché qu'elle soit secouru par terre ou par mer, Pierre-le-Grand assiégea et se rendit maître de Narva.

588. Les amitiés que l'intérêt a formé se sont dé-

tendu aussitôt que leur cause est disparu : dès qu'on a obtenu ce qu'on espérait, on a presque toujours cessé d'être ami.

589. Que de héros ont été conduit à leur perte par des amours insensé ; tous les délices qu'ils semblaient leur promettre étaient corrompu.

590. Les passages du Cid que l'Académie a blâmé, les vers qu'elle a cru devoir critiquer ne sont pas ceux condamné aujourd'hui.

591. Les mendiants et les flatteurs diffèrent en un point : ceux-ci vont nus-pied, ceux-là nue-tête.

592. La vivacité ou la langueur des yeux donnent à la même figure un caractère et une expression tout différente.

593. N'y a-t-il rien qui est plus commun qu'un parvenu orgeilleux et insolent ?

594. Combien en a-t-on vu jusqu'aux pieds des autels
Porter un cœur pétri de penchants criminels !

595. Toutes les fois qu'on a mêlé un calcul avec une bonne action, le calcul n'a pas réussi.

596. Les rigueurs que Cicéron avait cru nécessaire d'exercer comme consul, quelques justes qu'elles étaient, et quelques fondés qu'étaient leurs motifs, lui ont attiré bien des haines.

597. S'il était possible que nous suivions en tout temps les lumières de la raison, nous nous éviterions la plupart des chagrins dont nous gémissons.

598. Les œillets jaunes-serins sont plus rares que les œillets rouges-foncés.

599. Un peuple qui est en guerre désire, quelle qu'avantageuse qu'elle soit, qu'une prompte paix lui succède.

600. La royauté est un ministère de religion vis à vis de Dieu, de justice vis à vis des peuples, de sévérité vis à vis des méchants, de tendresse vis à vis des bons.

601. Un philosophe ancien a dit que le bonheur était dans la jouissance, et que la jouissance résidait dans la vertu.

602. Quelque grandes qualités qu'a déployé Vespasien, son fils Titus se concilia davantage que lui l'affection du peuple romain.

603. Les anciens ne pouvaient se persuader que la rhétorique soit une invention humaine; ils la regardaient comme un des plus beaux présents que leur ont fait les dieux.

604. Charles V eut plus de peine à arrêter la valeur des Bretons que ses ancêtres en avaient eu à contenir la fureur des Normands.

605. Les hommes s'envient l'un l'autre, tant ils connaissent peu le bonheur.

606. Quelques novateurs s'étaient imaginé qu'ils viendraient à bout de détruire la religion, mais ils se sont trompé.

607. Les quatre-vingt ans que Voltaire a vécu n'ont été qu'une suite de triomphes en tout genre.

608. C'est du contraire d'où résulte l'harmonie du monde.

609. Et Bourbon descendait à pas précipité,
     Du haut des murs fumant qu'il avait emporté.

610. Différentes nations se sont disputé la gloire d'avoir inventé l'écriture; mais nous ne voyons que deux peuples dans l'antiquité auxquels on puisse raisonnablement attribuer son invention: c'est les Phéniciens et les Égyptiens.

611. La plus grande injure que l'on peut faire à un honnête homme est de se défier de se probité.

612. Que de nuits ce ministre a travaillé pour faire face à toutes les difficultés! Sans l'activité, l'ardeur qu'il a déployé, que d'embarras se seraient succédé pour nous!

613. Chassé du trône de France par la mort de

François II son mari, et du trône d'Écosse par ses propres sujets, qu'on avait poussé à la révolte, Marie Stuart fut demander un asile en Angleterre ; mais la jalouse et la cruelle Elisabeth, au lieu de donner à une reine malheureuse les secours qu'elle avait espéré obtenir, la fit jeter dans une prison dont elle ne sortit que pour monter dessus un échafaud.

614. Un des principaux avantages de l'étude est de débarrasser et affranchir l'esprit des préjugés. Que de malheurs ont causé ceux qui se sont mêlé avec les idées religieuses ! Poursuivi par la terreur, les hommes ont imaginé voir des génies funestes volant sur les nuages ou errant dans la profondeur des forêts; mais un petit nombre d'hommes éclairé par l'observation a dissipé enfin l'épouvante ; les fantômes se sont évanoui, et une divinité bienfaisante s'est enfin montré à tous les esprits et révélé à tous les cœurs.

616. Chacun a fait cette observation qu'une année dans la jeunesse présentait à l'imagination une longue perspective; mais que plus on avançait et plus la course du temps paraissait redoubler de vitesse.

617. Une toute autre femme que Zénobie se serait laissé intimider par les menaces des Romains.

618. Il n'y a de discipline dans une armée que quand les soldats sont respectueux vis à vis de leurs chefs, et près d'obéir à tous leurs ordres.

619. Aucuns peuples n'ont fait la guerre aussi longtemps que les Romains : c'est à peine si, dans l'espace de quatre cent ans, ils ont eu quatre années de paix.

620. L'orgue majestueuse rehausse l'éclat de nos solennités religieuses.

621. Plus d'un philosophe ont, en mourant, abjuré les doctrines funestes qu'ils avaient professé durant leur vie.

622. Rien ne fut capable de rebuter et vaincre la fermeté d'Alexandre, qui était déterminé à prendre Tyr d'assaut, à quelque prix que ce soit.

623. Un habile et un grand écrivain est celui usant

et n'abusant jamais des avantages de sa langue, et sachant autant qu'il est possible suppléer les avantages qu'elle n'a pas.

624. Le peuple en masse aida ceux qui étaient chargé de dresser dessus sa base la statue colossale de ce grand homme.

625. Il ne faut pas avancer quelque chose qui ne peut être aussitôt prouvée.

626. C'est surtout dans la solitude où l'honnête homme est ce qu'il doit être, c'est là où il rassemble toutes les forces de son ame.

627. Rendre l'accès du trône facile au peuple est augmenter son éclat et sa majesté.

628. Qui a pu jamais craindre que la terre manque aux hommes? il en aura toujours plus qu'ils en pourront cultiver.

629. La feu reine et feue sa sœur se sont toujours montré disposé à soulager les infortunés.

630. Pyrrhus, qui combattait en désespéré, reçut un coup de javeline au travers sa cuirasse.

631. Avoir chaque jour des entretiens solitaires avec soi-même, est jouir de l'existence, la rendre plus utile et plus douce, enfin prolonger sa durée; l'on peut même dire que celui qui en agit ainsi est le seul qui sait jeter l'ancre dedans le fleuve de la vie.

632. Les Français ont généralement l'air plus vifs et plus gais que les autres peuples.

633. Il est des hommes pour lesquels le sort a tout fait, excepté de leur apprendre l'usage et à jouir de ses dons.

634. Alexandre ne voulait pas qu'Aristote publie les ouvrages qu'il avait composé pour lui; il prétendait jouir exclusivement d'eux.

635. Allez ; si vous m'aimez, dérobez-vous aux coups
Des foudres allumé, grondant autour de vous.

636. Le caractère n'est pas uniquement le résultat

de l'organisation; il est aussi formé par toutes les impressions que nous avons reçu, et par toutes les réflexions que nous avons fait.

637. Bien parler des absents, ne railler personne, et rien dire contre la vérité, est trois choses extrêmement rares.

638. L'on a ennobli beaucoup de familles qui auraient été fort embarrassé de publier leurs titres de noblesse.

639. Terre classique des amis des arts et de la philosophie, la Grèce a produit tout ce qui est susceptible d'enflammer l'imagination des hommes ; c'est là où la vertu, ainsi que la beauté et la gloire se sont vu ériger des autels.

640. Une société n'est agréable et durable qu'autant qu'on y est uni et égal.

641. Le plus digne objet de la littérature, le seul qui l'anoblisse, est l'influence qu'elle exerce sur les mœurs.

642. Des austères philosophes ont repoussé les plaisirs qu'ils n'ont pas cru pouvoir goûter toujours; ils se sont dédommagé de quelques privations, par la certitude d'être à l'abri d'une foule de peines.

643. Pendant l'amnistie, les soldats des armées française et allemande se sont donné des marques sincères d'estime et d'admiration.

644. Quelques heureux que sont les exilés, ils regrettent toujours les lieux où ils ont connu les premiers plaisirs, éprouvé les premières peines, lieux chéris où ils ont commencé d'aimer.

645. L'homme charmé par le commerce des Muses ne consomme point ses belles années dans des tristes intrigues; l'on ne le rencontre pas sur les routes que l'ambition a tracé.

646. Les Socrates, les Platons, les Fénélons ont contemplé dans la divinité le modèle de la perfection infinie; en dirigeant vers le bien leurs actions et pensées, ils se sont efforcé à seconder ses vues d'ordre ;

et c'est ainsi qu'ils ont atteint l'un l'autre le plus haut degré de sagesse à qui l'humanité a pu encore parvenir.

647. Il est impossible d'imaginer quelle grêle de pierres les assiégés ont lancé sur les assiégeants, et la quantité d'ennemis qu'ils ont blessé et mis hors de combat.

648. Une grande adversité est à la vertu ce qu'un buisson est à la brebis ; elle n'y passe pas sans qu'elle n'y laisse un peu de sa toison.

649. Les étoiles ne nous paraissent que des points lumineux, malgré qu'ils sont autant de soleils ayant chacun ses mondes roulant autour de soi.

650. Mentor observa à Télémaque que les lois seraient inutiles si l'exemple du roi ne leur donnait une autorité qui ne peut venir d'ailleurs.

651. Nous avons vu souvent cinq à six arcs-en-ciels se dessiner sur les nuages après la pluie ou l'orage.

652. Quand un homme assure un autre homme qu'il l'estime et l'honore, il doit être près de donner la preuve de ce qu'il avance.

653. C'est en mille sept cents soixante-dix-huit que Voltaire et Rousseau sont expiré.

654. Les ouvrages d'Aristote se sont présenté aux yeux de Buffon comme une table de matières qu'on aurait extrait de plusieurs milliers de volumes.

655. Les deux sortes de gens le plus incapables d'affaires sont l'étourdi et le pusillanime : celui-ci agit auparavant de réfléchir, celui-là réfléchit quant il faudrait agir.

656. L'habitude de vivre au milieu des chefs-d'œuvres produit l'élévation d'ame ; et celui dont l'ame est élevée est presque toujours heureux et bon.

657. L'adversité est la forge dans qui se trempe le cœur de l'homme, et de qui il sort plus propre à l'usage de la vie.

658. Auparavant qu'il n'y eut des armées régu-

lières et permanentes, les seigneurs fournissaient tous au roi un certain nombre d'hommes d'armes, et marchaient chacun à la tête de leurs vassaux.

659. C'est dans les bois où les chat-huant se tiennent le plus ordinairement.

660. Nos troupes ont parvenu au sommet du coteau au travers une grêle de balles qu'une multitude d'ennemis en fuyant faisait pleuvoir sur eux.

661. Les chiens n'ont pas généralement aucune autre crainte que celle de déplaire : ils sont tout zèle, toute ardeur, toute obéissance.

662. Livrée à ses caprices, l'imagination pourrait nous égarer et nous susciter milles dangers ; car elle est autant féconde pour enfanter des tourments comme elle est ingénieuse à créer des plaisirs ; il ne faut s'abandonner à elle que lorsque la raison la règle et dirige.

663. La valeur et l'intrépidité de Du Guesclin était un sujet d'admiration pour les plus braves même.

664. Quand Napoléon fut en Italie pour la première fois, il y trouva une armée sans force ni sans discipline.

665. L'athée ne croit pas à l'existence de Dieu, et l'impie semble n'y pas croire : aussi l'un et l'autre subira la peine qui lui est dû.

666. Un conquérant affermit difficilement sa domination sur un peuple quant il lui a fait subir une loi trop dure.

667. Nous avons craint longtemps que quelque prince ambitieux nous déclare la guerre et détruise notre petite république.

668. Il serait à souhaiter que les hommes riches aient été pauvres avant d'avoir été comblé par les dons de la fortune.

669. Peu s'en est fallu qu'Alexandre ne trouve la mort au début de son expédition, pour avoir été imprudemment baigner dans le Cydnus.

670. C'est abréger ou s'éviter mille discussions que

de penser de tels ou tels geus qu'ils ne sont pas susceptibles de parler justes.

671. Les Romains souffraient avec peine que l'Afrique demeure paisible et tranquille durant que l'Italie était infectée par les fréquentes incursions de l'ennemi.

672. Que de pertes ont coûté aux malheureux agriculteurs les orages multiplié qu'il y a eu cette année !

673. Les trois Horace et les trois Curiace se sont plus tôt sacrifié au salut de leurs concitoyens qu'au salut de leur patrie.

674. Depuis que la paix est établi sur des solides bases, le commerce commence de devenir fleurissant.

675. Il semble que la nature a employé la règle et le compas pour peindre la robe du zèbre.

676. Quelque chose que font certaines personnes, nous le trouverions moins condamnables si nous nous rappelions de ce que nous avons fait nous-même.

677. Il suffisait qu'un homme soit honnête pour que Cimon s'empresse de lui offrir son assistance et son amitié.

678. Je souhaiterais, disait Louis XIII, qu'il n'y ait des places fortifié que sur les frontières de mon royaume, afin que les cœurs de mes sujets servent seuls de garde à ma personne.

679. L'humanité consiste à traiter les étrangers avec la même bonté qu'on fait ses proches.

680. Médée fut chercher un refuge à Athènes ; et après s'y être purifié de ses crimes elle épousa Égée.

681. Attila était craint par ses sujets; mais il ne paraît pas, dit Montesquieu, qu'il en était haï.

682. Quiconque n'a manqué à remplir et à s'acquitter d'un devoir que par mégarde ou à son insu, est indigne de blâme.

683. Autant on s'applaudit quand on imite des

bons exemples, et autant on se repent quand on suit des mauvais conseils.

684. Sicinius prononça contre Coriolan une sentence capitale; il ordonna qu'on le précipite de la roche Tarpéienne.

685. Les projets que m'a communiqué Thémistocle seraient avantageux à la république, disait Aristide au peuple ; mais ce n'est pas moi qui vous conseillerait jamais de les adopter et exécuter.

686. Le monde est rempli de ces hommes qui en imposent aux autres, soit par leur réputation ou soit par leur fortune ; s'ils se laissent trop approcher, on passe tout d'un coup à leur égard de la curiosité jusqu'au mépris.

687. Le premier avantage de l'homme dans le malheur est de savoir mourir ; le deuxième est d'y être forcé.

688. Une ame ambitieuse est rarement susceptible de modération.

689. Un vieux soldat aime raconter les batailles auxquelles il a assisté, comme un voyageur aime décrire les lieux qu'il a visité.

690. Regarde ces Catons s'élançant vers la gloire,
Ces Decius mourant pour vivre en la mémoire.

691. Pour empêcher qu'on frappe son peuple d'un impôt énorme, Tibère dit qu'il voulait qu'on tonde ses brebis et non qu'on les écorche.

692. Il est des dangers tellement éminents, que s'y exposer est se perdre.

693. Philippe fut un des plus habiles rois dont l'histoire nous a conservé le souvenir.

694. L'éternelle sagesse a voulu que les émotions qui troublent nos jours fussent propres à les abréger, et que celles qui nous les rendent agréables fussent propres à les prolonger.

695. Le célèbre Duguay-Trouin est un des plus grands hommes de mer qu'il y a eu en France.

696. Le peu d'habileté que les généraux ennemis ont montré a compromis dès la première attaque le sort de leur armée.

697. De tous les légumes les chou-fleur sont ceux de qui la culture exige le plus de soin.

698. Ne consommons pas nos forces en efforts inutiles; n'usons d'elles que quant le moment opportun sera venu.

699. A la mort de Henri IV, les Français éprouvèrent une inconsolable douleur de la perte de ce bon roi.

700. Alexandre entendant vanter les exploits de son père, il s'abandonna à une telle fureur qu'il immola un de ses meilleurs officiers.

701. Ce sont la faiblesse et l'irrésolution qui compromettent les succès le plus certains.

702.   Il sait pour tout secret

     Cinq et quatre sont neuf, ôtez deux, reste sept.

703. Tout puissant que soit un roi, il ne doit pas imaginer pouvoir faire subir une loi injuste sans difficulté ni sans résistance.

704. La musique qu'on a composé pour quelques uns des hymnes de l'église est d'une noble et d'une touchante simplicité.

705. On n'y voit goutte quand l'on ne voit les choses qu'à travers du prisme des illusions.

706. Quelque chose qu'ai dit cet homme on l'a cru, quelque chose qu'il ait fait on l'a trouvé bien fait.

707. Si votre ami réclame assistance et qu'il soit en vous de lui prêter, accordez-lui-la sans qu'il n'y ait hésitation de votre part.

708. Les Lycurgue, les Solon et les Numa travaillent à fonder la prospérité des empires; les Alexandre et les César travaillent à la détruire.

709. Il n'est pas de science qui n'a rapport avec une autre science ; elles tiennent toutes l'une à l'autre.

710. Rien n'est si aisé et si commun comme de calomnier à demi-mot, et rien est si difficile comme de repousser cette calomnie.

711. Nos paysans déjeûnent, dînent et soupent plus souvent avec des fruits ou avec des légumes qu'avec des aliments substantiels.

712. Sinon prenait les dieux à témoins des maux qu'il avait souffert.

713. Le peu d'expérience qu'un homme a acquis le garantit d'une foule d'erreurs dans laquelle de moins expérimentés se sont laissé tomber.

714. On ne doute pas aujourd'hui que les madrépores soient l'ouvrage d'une infinité de petits animaux imperceptibles à l'œil.

715. Pendant plus que onze cent ans la société romaine avait produit si peu de mendiants que le premier hôpital qu'on aît vu à Rome ne fut bâti que vers l'an trois cents cinquante, par saint Fabiola.

716. Ce ne fut pas ni la jalousie de Pompée ni l'ambition de César qui perdit Rome : ce furent l'orgueil et la dureté des praticiens ; et ce que Lucain n'a pas fait assez sentir dans sa Pharsale, est que les guerres intestines excité dans Rome depuis les Gracques et celles qu'ont suscité Pompée et César ont pris leur source dans le sénat, et ont eu pour causes premières sa dangereuse et sa funeste politique, son injuste et son impitoyable domination.

717. Toutes les têtes étaient étourdies et excitées par les canons et les cloches des Te Deums.

718. L'on juge qu'un homme est susceptible des grandes choses par l'attention qu'il apporte aux plus petites.

719. Ceux qui donnent pour être vus, ils ne soulageraient pas un pauvre dans l'ombre.

720. Un fait recueilli par les médecins observa-

teurs, c'est qu'il était rare que l'agonie de l'homme de bien fût violente.

721. L'on a laissé subsister beaucoup d'abus à cause des inconvénients qu'il y aurait eu à les détruire trop brusquement.

722. L'abnégation du guerrier n'est pas une croix moins lourde que celle du martyr : il faut l'avoir porté long-temps pour savoir sa grandeur et son poids.

723. Il y a plus d'un conquérant qui ont traité leurs alliés avec la même rigueur qu'ils ont fait leurs ennemis.

724. Déposer l'autorité en des mains qui ne savent pas faire usage d'elle, est plus qu'une imprudence, c'est une faute.

725. Il faut reconnaître dans l'ensemble des travaux qu'ont publié les écrivains des dix-septième et dix-huitième siècles, dans l'impulsion qu'ils ont imprimé à tous les esprits, un des plus grands bienfaits qu'a jamais reçu le genre humain.

727. Les portes-drapeau et les portes-enseigne doivent mourir en défendant leur étendard.

728. La faveur ressemble à la fortune qui, plus elle nous échappe, plus l'on la recherche.

729. Il n'y a personne qui ne soit disposée à changer d'opinions si elle croyait ses opinions fausses.

730. De bien des gens, il n'y a que le nom qui vaut quelque chose ; de loin ils en imposent, de près ils n'inspireraient que du mépris.

731. Le règne de la chanson a passé ; la vogue des pont-neuf est disparue ; aujourd'hui, on chante moins et l'on réfléchit davantage qu'autrefois.

732. Les tragédies de Crébillon que nous avons vu jouer nous ont paru plus intéressantes que nous avions cru.

733. En aucuns temps, le despotisme d'un seul ne fut aussi dur comme le despotisme populaire.

734. Vous avez désiré, Romains, qu'on élise les

décemvirs, ils ont été élu ; les décemvirs vous ont
déplu, et de suite nous les avons forcé de se démet-
tre de leurs fonctions.

735. Il n'est métal si dur que le feu n'amollit, et
affaires si mauvaises que l'argent ne finit par accom-
moder.

736. L'on est impardonnable d'avoir passé à côté
d'une bonne action sans l'avoir fait.

737. Les avares, loin d'avoir de l'affection pour les
autres, ne s'aident pas soi-mêmes : tout ce qui ne peut
pas entrer dans leurs coffre-fort n'existe pas pour eux.

738. Pour que les arts soient fleurissant, il ne faut
pas seulement que le prince les protège, il faut encore que le peuple aime à les cultiver.

739. Les emplois que vous aviez présumé que vous
obtiendriez ont été donné à d'autres par suite du peu
d'activité que vous avez déployé.

740. Mentor et moi cherche depuis un an Ulysse
à travers les mers, sans que personne n'ait pu nous
apprendre en quel lieu il peut être.

741. Si l'aversion est l'épine du sentiment, la sym-
pathie est très certainement sa rose.

742. On nous a dit qu'on avait découvert une con-
spiration qui était prête à éclater et qu'on avait arrêté ses principaux chefs.

743. Semblable à la douce et à la féconde rosée du
ciel, la véritable charité tombe sans bruit dedans le
sein des malheureux.

744. Ceux recherchant le bonheur dans le faste et
l'agitation ressemblent à ceux préférant l'éclat des
bougies à la lumière du soleil.

745. C'est aux vieillards à donner des conseils aux
jeunes gens ; c'est aux hommes faits à leur donner
des exemples.

746. Rien n'est plus propre et plus capable d'a-
paiser la colère que la soumission de celui qui l'a fait
naître.

747. La société, de même que l'amitié de la plu-

part des hommes, ne sont qu'un commerce et ne durent qu'autant que le besoin.

748. Se fier à tout le monde et ne se fier à personne est deux excès; dans celui-ci il y a plus d'honnêteté, mais il y a plus de sûreté dans celui-là.

749. Le peu de peine qu'a causé à ce jeune homme la mort de son frère nous a donné une mauvaise idée de son cœur.

750. Rien n'est plus sincère que la conscience, et plus avantageux que les conseils.

751. Tout autre aversion que celle du vice et du crime est condamnable aux yeux du sage.

752. Les porc-épic dardent leurs piquants quant ils sont vivement excité.

753. Le grand nombre des livres qui encombre une bibliothèque, quand il ne sert à rien à celui qui en est le propriétaire, ne sont là que pour constater son ignorance.

754. Celui qui a confié légèrement des blancs-seings, ne doit s'en prendre qu'à soi-même si on en abuse.

755. Accorder un bienfait et en exiger de suite du retour est rétracter la bonne action qu'on a fait.

656. La santé, la paix et le nécessaire, voici les seuls biens dont la possession est désirable.

757. L'on connaît encore si peu l'homme, qu'on le blâme de ses goûts, ses sensations et ses opinions, comme s'il était leur maitre.

758. Dieu, en créant les individus des règnes végétal et animal, a non seulement donné la forme à la poussière, mais il l'a rendu vivant et animé.

759. C'est du sein de la vertu, comme de son sol naturel, d'où n'ait le bonheur.

760. Les hommes sages se sont fait heureux soi-même, malgré et en dépit de la fortune.

761. Ceux qui se sont montré assez présomptueux **pour imaginer qu'ils n'avaient pas besoin qu'on leur**

donne des conseils, n'ont obtenu aucune compassion quand ils ont tombé dans quelque disgrâce.

762. Ne fais et ne dis jamais rien que ce que tu voudrais que tout le monde voie et entende.

763. Le peu de soldats qu'on a opposé aux assiégeants les a forcé de s'éloigner d'une place qu'ils avaient cru sans défense.

764. La guerre est maudit par Dieu et par les hommes mêmes qui la font et qui ont d'elle une secrète horreur.

765. Heureux celui qu'on fait rentrer dans la bonne voie seulement en lui observant qu'il s'égare.

766. L'attente est une chaîne qui lie tous nos plaisirs l'un à l'autre.

767. Les mauvais temps qu'il a fait ont nui aux oliviers et détruit un grand nombre de mûriers qu'on avait planté cette année.

768. C'est au peu de connaissances que ce jeune homme a acquis auquel il doit son avancement rapide.

769. Celui qui ne sait pas aider à un malheureux, ne sait pas aussi rendre service à un ami.

770. Une considération bien acquis est un bouclier contre qui se sont toujours émoussé les traits de l'envie.

771. Depuis dix ans, que de mauvaises pièces nous avons vu jouer! La plupart n'a réussi qu'à l'aide de honteuses manœuvres, et trois à quatre seulement ont survécu.

772. Pourquoi faut-il que le désir qu'on nous applaudisse nous empêche si souvent de l'être!

773. Les inconsolables malheurs qui ont frappé cette famille ont affligé toutes les honnêtes gens.

774. La justice de Dieu a voulu que les méchants discours, funestes à ceux qui les entendent, les fussent aussi à ceux qui les font.

775. Faire du bien est le seul plaisir qui est sans remords, sans trouble ni sans amertume.

7

776. Un jeune homme qui se comporte mal vis-à-vis des vieillards est impardonnable.

777. Il ne faut pas attendre pour récolter les fruits, qu'ils aient tombé par terre.

778. Pour être homme de bien, il faut avoir des amis sincères ou des ennemis ardents: ceux-ci nous détournent du mal par des bons avis, ceux-là par des sévères censures.

779.   Plus je vous envisage,
        Et moins je reconnais, monsieur, votre visage.

780. Se révolter seul contre les injustices d'un tyran ne sert à rien : c'est compromettre sa sûreté sans que personne ne profite d'une telle imprudence.

781. Les Sully ne sont pas moins rares que les Richelieu; et ceux-ci ne sont pas moins utiles au peuple que ceux-là le sont aux rois.

782. Quelle que forme que les écrivains moralistes donnent à leurs ouvrages, ils sont exposé au reproche d'avoir fait des satires.

783. Le monde est un vaste cimetière où des races mourant marchent et promènent sur des races expiré.

784. Nous aimons mieux à rencontrer dans le monde ceux que nous avons obligé que ceux qui nous ont rendu des services.

785. L'imagination a des idées en abondance, mais sans ordre; le génie unit l'ordre et la fécondité, ou plus tôt le génie n'est que l'ordre lui-même.

786. N'y a-t-il rien au monde de plus rare que la complète abnégation de l'intérêt personnel en vue de l'intérêt général?

787. Celui qui dans le cours de sa vie a servi tous ceux qu'il a pu et qui n'a nui à personne, pas même à ceux qui lui ont nui, il est un homme de bien.

788. Plus d'un riche capitaliste en voulant trop

gagner ont hasardé dans une folle spéculation leur fortune, et l'ont perdu tout-à-coup.

789. A l'époque de la décadence de leur empire, les Romains s'étaient affranchi de la discipline sévère qui les avait rendu maîtres du monde.

790. Il y a un siècle, tout était mort dans la Grèce, exceptée la religion qui devait la ranimer et délivrer du joug sous qui l'on l'opprimait.

791. Si quelques hommes se sont applaudi d'avoir fait des fautes, c'est qu'elles leur ont servi à n'en pas commettre des plus graves.

792. Les moindres lettres sorti de la plume de madame de Sévigné sont empreint d'une grâce et d'une simplicité inimitable.

793. Les vivres qu'on avait distribué d'abord en trop grande quantité furent bientôt consumé, et pendant plus que huit jours nous vécûmes avec du biscuit.

794. Viriatus devint chef d'une troupe de voleurs qui pendant long-temps infecta nos contrées.

795. Des horribles éclairs brillant d'une lumière effrayant se sont succédé sans interruption, et les échos de la vallée nous ont renvoyé les mille voix des tonnerres grondant.

796. Il faut quelquefois tromper celui qu'on oblige, de manière qu'il jouit du bienfait sans connaître son auteur; et qu'il trouve plus tôt qu'il ne reçoit le bienfait de qui il a besoin.

797. Ceux qui commandent imaginent quelquefois que la colère peut suppléer leur autorité.

798. Il est peu d'hommes qui n'ont pas oublié les services qu'on leur a rendu, et qui ne se sont pas rappelé de tous ceux qu'ils ont pu rendre.

799. Méfiez-vous de ceux qui affectent d'avoir l'air humbles et modestes; il est rare qu'ils ne s'efforcent pas de paraître meilleurs qu'ils sont en effet.

800. Les aigles français ont été planté sur presque toutes les capitales de l'Europe; il semblait que la

victoire devait les suivre partout dans leur vol aventureux.

801. Quels sont les conquérants qui ne se sont pas arrogé un pouvoir et une autorité excessive?

802. Les écrivains de l'antiquité parlent d'îles qu'on a vu s'élever tout d'un coup du sein des mers de la Grèce, et qui sont disparu subitement.

803. Qui n'aime entendre les ruisseaux murmurant serpentant à travers des campagnes florissant, et portant partout où ils passent la fécondité et la vie?

804. Le tiers des troupes qu'on avait envoyé au secours de nos colonies menacé, ont succombé à la rigueur du climat.

805. Les cœurs des ambitieux sont des ardentes fournaises où tout se consomme.

806. Un sage a dit que le bonheur n'était autre chose que la santé de l'ame.

807. Quant le cœur n'a pas en soi l'instinct naturel qui doit le conduire, c'est à l'esprit à lui montrer ses devoirs.

808. Vous êtes un jeune chêne qui essuyez une tempête, et moi, je suis un vieux arbre qui n'ai plus de racines.

809. La bienfaisance s'exerce vis-à-vis de tous les hommes, qu'ils nous aient ou non offensé; ce sont la sensibilité naturelle et l'amour innée du genre humain qui la produisent.

810. L'empire dessus tous les animaux, comme tous les autres empires, n'ont été fondé qu'après la société.

811. Ni la France, ni l'Angleterre, n'ont pu avoir la prépondérance dans l'une et l'autre Amériques.

812. Ce qui rend les hommes plus hardis à faire le mal, est l'impunité; un coupable espère qu'il peut échapper une deuxième fois comme il a fait la première, et il continue.

813. Dans la poésie lyrique, plus qu'en tout

autre poésie, le poète est livré à soi-même; il faut qu'il nous rende les peintures que son imagination s'est tracé; qu'il nous raconte les sensations qu'il a éprouvé, et malgré qu'il déploie un grand talent, il ne peut espérer et parvenir à nous émouvoir si son enthousiasme est factice.

814. Ce furent d'abord le clergé et le peuple romain qui élut le chef suprême de l'Église; mais depuis le concile tenu à Rome en mille cinquante-neuf, c'est aux cardinaux seuls auxquels le droit d'élection appartient.

815. La critique est une lime qui plus elle mord et plus elle polit.

816. Durant la guerre des Albigeois, Carcassonne fut souvent pris et ravagé; elle avait été avant enlevé aux Visigoths par les Sarrasins qui l'avaient conservé pendant plus de deux cent ans, et ne l'avaient cédé qu'aux armes victorieuses de Pépin-le-Bref.

817. Les habitants d'Hermione, ville de l'Argolide, étaient affranchi de l'impôt que tous les Grecs devaient à Caron, par ce qu'auprès de leur ville se trouvait le plus court chemin qui menait aux Enfers.

818 Au lieu de porter nos regards sur ce qui est beau et bon, nous aimons fixer ce qui est ridicule et mauvais.

819. Les anciens imprimaient sur la figure des criminels des caractères au moyen de qui on pouvait reconnaître les crimes dont ils s'étaient rendu coupables.

820. Le désir d'augmenter ce que nous avons nous tourmente, et nous le sommes encore par la crainte de perdre les biens que nous avons amassé.

821. Le bonheur n'est point une sensation fugitive; c'est un sentiment si doux de l'existence, que plus nous l'éprouvons et plus nous souhaitons prolonger sa durée.

822. Celui à qui l'expérieuce a appris à se défier des autres est plus malheureux qu'on le pense.

823. Il n'est qu'un très petit nombre d'hommes qui placé entre le déshonneur et une ruine éminente, trouverait en soi le courage de faire un bon choix.

824. La fausse et véritable délicatesses diffèrent beaucoup l'une et l'autre : celle-ci est la pruderie, celle-là la pudeur de la vertu.

825. Le mépris public qui s'attache quelquefois et pour un temps à des hommes qui en sont indignes, devient plus tard pour eux un titre de gloire.

826. Rien ne cause davantage de dépit à un homme instruit, que la confiance effrontée qu'un ignorant a en lui.

827. Chaque individu puise un enseigne men dans ses malheurs; mais il semble qu'un peuple entier ne peut tirer aucuns fruits de l'expérience.

828. Les grands peintres italiens, rivaux l'un de l'autre, et appartenant à diverses écoles, ont inventé la caricature, et s'en sont servi contre leurs ennemis comme de la seule arme que la nature leur avait donné.

829. Les dix ans que la guerre de Troie a duré n'ont pas été moins funestes aux vainqueurs qu'aux vaincus; les malheurs que cette guerre a entraîné à sa suite ont rendu les uns aussi déplorables que les autres.

830. Il faut éviter à l'homme honnête qui est dans le besoin l'humiliation d'une demande ; les secours coûtent trop cher quand il faut les obtenir par les prières.

831. L'égoïste n'aimant que soi n'est pas aimé par les autres.

832. Envier ceux qui occupent des postes élevés qu'ils ont obtenu par leurs services, est bassesse; imiter l'exemple qu'ils ont donné et se rendre digne des grâces qu'ils ont obtenu par une noble émulation, voici la seule conduite qui est louable.

833. Quand on est maître de ne suivre que ses

désirs, il est beau de ne suivre et n'obéir qu'à ses devoirs.

834. Quoi que la dissimulation révolte les ames franches, si elle cessait un seul jour sur la terre, on ne se verrait plus le lendemain, par ce qu'on se serait trop vu la veille.

835. La mort ou l'exil ne sont pas les plus grands maux que les victimes du despotisme ont à craindre ; c'est leur avilissement.

836. Ceux qui se croient nos supérieurs, et qui pensent nous en imposer, imaginent que la gêne que nous ressentons en leur présence est l'effet d'une crainte respectueuse.

837. I lest moins rare de trouver de l'esprit, que des gens qu savent se servir du leur, et qui font valoir celui des autres.

838. Le régiment de chevau-léger qui est demeuré pendant tout l'hiver en garnison dans notre ville a été dirigé hier vers la frontière du nord.

839. La douleur du corps est, de tous les maux, le seul que la raison ne peut guérir et affaiblir.

840. L'estime est un tribut payé aux talents et vertus : c'est une approbation morale accordé à ceu dignes des avantages que la nature leur a départi, par le noble usage qu'ils en font.

841. L'éducation doit tendre à empêcher que l'amour de soi étouffe l'amour de son semblable.

842. Une exemple mauvaise scandalise davantage qu'une excellente exemple édifie.

843. Il faudrait que vous lisiez l'histoire avec plus d'attention que vous le faites, si vous vouliez profiter des enseignements qui y sont contenu : connaitre les faits principaux, se rappeler des dates n'est rien.

844. Sur onze à douze exagérés, on trouve un fou, trois à quatre sots ; et quand aux autres, c'est presque toujours des hypocrites.

845. L'expérience est moins le fruit d'un grand

nombre d'années que l'on a vécu, que du nombre des moments que l'on a observé.

846. Toutes les factions ont tombé, et sont disparu l'une après l'autre devant un besoin universel de justice, d'impartialité et de vérité.

847. Possidonius, s'entretenant avec Pompée, lui disait qu'il n'y avait de bien que dans ce qui était honnête, et qu'on ne pouvait appeler mal ce qui n'était pas honteux.

848. Nous pardonnons plus aisément ceux qui ne nous ont jamais aimé et estimé, que ceux qui ont cessé de nous aimer et estimer.

849. Il en est souvent de l'étendue de l'esprit comme de l'étendue de la vue, qui fait qu'on y voit plus clair et qu'on aperçoit de plus loin où on veut aller, mais qui ne fait pas qu'on y arrive plutôt.

850. Tout se ressent, dans les rois même, des misères à qui l'humanité est en butte.

851. Beaucoup de grands coupables se sont regardé comme innocents, et se sont cru tels parce qu'on ne les avait pas convaincu du crime qu'ils avaient commis.

852. Les anciens moines latins observaient trois carêmes de quarante jours chaque.

853. La justice, ainsi que l'humanité, défendent que nous ne fassions à autrui ce que nous ne voudrions pas qu'on nous fasse à nous-même.

854. L'on peut pardonner les grands hommes qui ont fait des fautes, mais on ne doit pas en cela imiter leur exemple.

855. Il n'y a que les honnêtes gens qui connaissent leurs faiblesses, par ce qu'il n'y a qu'elles qui s'efforcent et travaillent à les surmonter.

856. Une recette contre l'ennui, plus sûre et plus efficace que le sera jamais le plaisir, est l'occupation.

857. Il n'y a qu'un honnête homme qui en peut fixer un autre sans baisser les yeux.

858. Les secours que nous avions demandé et que

nous avions espéré recevoir de jour en jour, ne faisaient qu'arriver, quant les ennemis se sont présenté
devant la place.

859. Ce n'est pas les mauvaises berbes qui étouf-
fent le bon grain, ce sont la paresse et la négligence
du cultivateur; ce n'est pas les mauvaises langues
qui troublent les familles. c'est les mauvaises dispositions de ceux qui les écoutent.

860. Quand les père et mère s'aiment tendrement,
et sont toujours l'un vis-à-vis de l'autre animés par
un sentiment d'estime et de respect, le principal de
l'éducation de leurs enfants est fait.

861. Une fois acquis, la réputation d'homme d'esprit s'est toujours soutenu à peu de frais; il suffit
d'avoir dit de bons mots d'abord, pour que les choses
fort médiocres qu'on a débité ensuite aient été bien
reçu.

862. Une noble fierté empêche qu'on fasse ou
qu'on dise rien qui peut exposer à la censure des
autres.

863. Quand on veut rendre service à quelqu'un qui
l'attend de nous, il faut le faire de suite; le retard
affaiblit une bonne action, et compromet presque
toujours ses résultats.

864. Il est inconcevable que les hommes soient
tous si en peine de l'avenir et si à l'aise avec le
passé.

865. Qu'est-ce qu'une armée? c'est une multitude
d'hommes armé qui suivent aveuglément les ordres
d'un chef dont elle ne sait pas les intentions.

866 Du jour le plus éclatant, nous passons tout
d'un coup à l'obscurité le plus profonde; et malgré
que nous nous y attendions, nous fûmes saisi d'un
violent effroi.

867. La flatterie ne suit les princes que jusqu'au
tombeau; alors la vérité prend sa place, et c'est le
jugement de celle-là qui décide de leur réputation.

868. Le père de famille a besoin de plus que deux

yeux pour surveiller la conduite de ses enfants et apercevoir ce qu'il est important qu'il voit.

869. Les rois sages ne font point la guerre, à moins qu'elle soit indispensable, et que l'honneur aussi bien que l'intérêt de leur peuple le leur commandent.

870. C'est aux théologiens seuls auxquels appartient la décision touchant les cas de conscience; c'est à eux à en juger selon et eu égard aux lumières de la raison et aux maximes de l'évangile.

871. L'on finit par mépriser, quelques aimables qu'ils soient d'ailleurs, les gens qui parlent autrement qu'ils pensent.

872. Quant on a quelque noblesse dans le cœur, on se range toujours et malgré soi du parti qu'on opprime.

873. Les Athéniens craignaient qu'Alexandre, pour se venger, fasse éprouver à leur ville le sort de la malheureuse Thèbes.

874. Paris nous méconnait, Paris ne veut pour maître
    Ni moi qui fut son roi, ni toi qui pourrait l'être.

875. L'envie produit dedans le cœur le même effet que la rouille dessus le fer.

876. Un philosophe véritable ne se conduit pas autrement en particulier qu'il ne le ferait s'il croyait que chacun puisse le voir.

877. L'on ne peut croire qu'il y a eu des cathédrales bâti auparavant le dixième siècle, bien que quelque auteurs espagnols font remonter l'antiquité de plusieurs de leurs églises jusqu'au temps des apôtres.

878. Corneille avait dans son cabinet le Cid traduit dans toutes les langues de l'Europe, exceptées les langues esclavonne et turque.

878 *bis*. Jules-César n'est pas le seul qui a porté la

couronne de laurier ; les empereurs qui lui ont succédé ont presque tous imité son exemple.

879. Le critique qui considère l'art d'un point
élevé, se garde bien de signaler les petites taches qui
se trouvent dans tous les chef-d'œuvre; il ne compte
pas les si, les que, les mais inutiles : sa critique s'a-
dresse plus haut.

880. La sévérité avec laquelle les premiers cénobi-
tes se sont traité par esprit de mortification, n'est pas
plus étonnante que la règle austère à laquelle se sont
assujéti les anciens philosophes grecs.

881. Le comble de la folie est d'enseigner la vertu,
de faire son éloge et de négliger sa pratique.

882. Protogène peignait tranquillement dans une
maison attenant à la ville de Rhodes, durant que Démétrius l'assiégeait. Je ne pouvais croire, dit l'artiste
à celui-là, que tu fasses la guerre aux arts.

883. Moins l'autorité d'un prince est grande, et
plus sa sûreté est assuré; les Caligulas, les Commodes,
les Domitiens, qui ont régné despotiquement, ont été
égorgé de ceux qu'ils avaient voulu faire mourir.

884. Un dictateur avait, à Rome, aussi bien comme
dans les armées, droit de vie et de mort sur tous les
citoyens, de quelque rang qu'ils soient ; et il pouvait
l'exercer arbitrairement sans que plus tard il soit
obligé d'en rendre compte.

885. L'esprit suffit pour rendre un homme disert ;
mais l'ame seule est susceptible de le rendre éloquent.

886. Les Juifs, pendant leur captivité, s'étaient
infesté en Egypte d'une foule de grossières superstitions; ces même superstitions sont passé de l'Egypte
en Grèce, et c'est les Grecs qui les ont transmis aux
Romains.

887. Tous les globes obéissant aux immuables et
aux éternelles lois de la gravitation, roulent d'un
cours régulier à travers des vastes champs de l'air.

888. L'éloquence, l'histoire et la philosophie, ont
chacune son style propre, quoi que souvent le style

de l'histoire participe aux styles oratoire et philosophique.

889. Qui cache ses peines et chagrins à ses père et mère, est incapable de leur en causer.

890. L'expérience qu'on n'a acquis que par des fautes est un maitre dont les leçons ont coûté chères.

891. Tous les grands philosophes ont convenu unanimement qu'il y avait un Dieu, et que ce Dieu avait éternellement existé.

892. A Malte, le seul pays où le duel est encore permis par la loi, les combattants sont obligé de décider leur querelle dans une rue; et si un prêtre ou une femme le leur commandent, ils sont contraint de re mettre leur épée dans le fourreau.

893. Excuser les fautes, pardonner aux torts, être gai et complaisant, est le moyen d'arriver à la félicité.

894. Les avant-poste ennemis se sont laissé surprendre, et nous avons tombé sur le gros de l'armée sans qu'elle se doute de notre approche.

895. En Italie, la peinture n'a été aussi fleurissant que par ce qu'on y a institué des écoles : de tous les peintres fameux qu'elle a produit, le Corrège est le seul qui n'a pas pris les leçons d'aucuns maîtres.

896. Il est quelque chose plus précieuse que le courage, c'est l'espérance qui le soutient et inspire

397. Unir la fermeté et la douceur, est s'entourer d'une barre de fer garnie de velours.

898. L'on ne peut, quelque soit la réputation dont on jouit, manquer à ses devoirs vis-à-vis du plus humble des hommes sans qu'on ne porte atteinte à l'estime qu'on a su avant mériter.

899. Plus d'un auteur comique ont attaqué l'égoïsme sur le théâtre ; il était de toute justice que le vice du siècle trouve plus d'un dénonciateur.

900.   Sur le bord du chemin
     Un pauvre qui pleurait vint nous tendre sa main.

901. Celui qui s'empresse et aime nous raconter les fautes que les autres ont fait, ne manque pas de raconter aux autres celles que nous avons commis.

902. Tous les aigles des légions romaines étaient d'argent, excepté ceux de la première légion qui étaient d'or; et ces derniers étaient regardés comme les étendards principaux de la nation, et le symbole de Jupiter.

903. Gassendi eut pour disciples plusieurs hommes qui se sont immortalisé : Molière, Chaulieu, Chapelle, Catinat, et une foule d'autres qui réunissait en soi le goût de la vertu à celui du plaisir, les qualités politiques aux talents littéraires.

904. L'espérance, en nous égarant par des fantômes éblouissant, empêche que nous goûtions le repos et que nous travaillons à notre bonheur par le secours de la prévoyance et la sagesse.

905. Pline disait qu'il n'était rien de si fâcheux que l'étude n'adoucît; que si elle faisait mieux comprendre toute l'étendue du mal, elle le faisait supporter avec moins d'amertume.

906. Personne n'a aimé sa patrie autant comme Fénelon; mais il ne pouvait souffrir qu'on cherche ses intérêts en violant les droits de l'humanité, et qu'on l'exalte en diminuant le mérite des autres peuples. J'aime mieux, disait-il, ma famille que je m'aime moi-même; j'aime davantage ma patrie que ma famille, et j'aime encore mieux le genre humain que ma patrie. Voici des sentiments dignes d'un véritable philosophe.

907. Les soupçons, a dit Bacon, sont entre nos pensées ce que sont les chauve-souris entre les oiseaux, qui ne se montrent que quand le jour commence de s'effacer.

908. Homère croyait que le Tartare n'était pas moins éloigné des enfers que les enfers ne l'étaient du ciel.

909. Les plus grands hommes de l'antiquité n'ont

pas regardé comme leur véritable vie celle bornée sur la terre à un petit nombre d'années ; il leur semblait que leurs actions fussent des grains semé dedans les vastes champs de l'univers, et que ces semences dussent porter le fruit de l'immortalité à travers de la succession des siècles.

910. Qui ne sait pas se servir et utiliser la fortune quant elle vient, ne doit pas se plaindre quant elle s'en va.

911. C'est toujours dans la société qu'il fréquente où un jeune homme acquiert ses bonnes ou mauvaises qualités.

912. Le génie, ainsi que la divinité, sont au-dessus de toutes les définitions.

913. La trêve ayant expiré, la guerre recommença, et bientôt des Te Deums annoncèrent que la victoire avait favorisé notre armée.

914. L'histoire est comme un testament laissé par les générations disparu à celles qui les ont suivi ; celles-là, en négligeant de se conformer et de mettre à profit les leçons qui y sont renfermé, ressemblent aux enfants ingrats qui méprisent les dernières volontés de leur père et mère.

915. Le génie, en politique, consiste non à créer, mais conserver ; non à changer, mais fixer ; il consiste enfin à suppléer les vérités par des maximes.

916. Les hommes qui ont l'air durs et sévères passent pour orgueilleux ; ceux qui ont l'air graves et recueillis passent pour prudents.

917. C'est aux magistrats à faire respecter la loi à ceux qui seraient tenté de l'enfreindre, et aux honnêtes gens à s'y conformer, quelque sont les entraves qu'elle leur impose.

918. Je ne croirai jamais qu'un homme, tel malheureux qu'on le suppose, fut en droit d'imputer tous ses malheurs à la fortune.

919. Sagacité, promptitude d'esprit, justesse,

voici les éléments du bon goût dans les arts et les lettres.

920. Si les hommes s'étaient persuadé une bonne fois que tous les avantages dont ils jouissent sont des biens que la nature ou le hasard leur ont départi, il n'y aurait plus de vanité dans le monde.

921. Il faut un guide au génie pour empêcher qu'il s'égare ; le plus sûr à qui il peut s'abandonner est un jugement sain et réfléchi.

922. L'ordre des Templiers est le premier de tous les ordres militaires religieux ; il commença vers l'an onze cents dix-huit, à Jérusalem : Hugues de Paganès et Geoffroi de Saint-Adhémar furent ses fondateurs.

923. L'habitude, le préjugé, l'opinion, sont autant de verres diversement coloriés, à travers desquels tous les hommes voient dessous différents aspects les objets qu'ils fixent.

924. La vertu est tout ce qui est conforme aux lois éternelles que le Créateur a prescrit à tous les êtres vis-à-vis de la société ; elle est indépendant de toute coutume particulière, et fondé sur la lumière que nous avons reçu de l'Être suprême.

925. C'est les armes qui sont les plus florissantes à la naissance d'un État ; quand il a atteint à sa maturité, c'est les lettres et les arts ; et à l'époque de sa décadence, ce sont l'industrie et le commerce ; témoins Carthage et tant d'autres nations.

926. Les témoignages positifs de César, Pline et Tacite ne permettent pas de douter que les Germains et Gaulois ont immolé des victimes humaines non seulement dans les sacrifices publics, mais encore dans ceux offerts pour la guérison des particuliers.

927. Les exemples des grands ont toujours eu tant d'autorité, que les particuliers les ont imité et s'en sont fait en tout temps des lois.

928. Celui qui a créé les biens et les maux a voulu qu'ils fussent assez abondants pour que tout le monde pût en avoir sa part.

929. Il faudrait que tous les généraux puissent réunir les talents à la prudence, et que, de leur côté, les soldats aient, selon les circonstances, ou un courage réfléchi ou une témérité intelligente.

930. Dans les hommes chargé du gouvernement des États, les belles et les nobles qualités de l'ame ne suppléent pas la fermeté des vues et la rectitude du jugement.

931. Je ne sais lequel des deux, Virgile ou Racine, mérite d'être admiré davantage.

932. Les automnes froides annoncent toujours des hivers rigoureux.

933. L'on peut ramener facilement les hommes les plus justement irrités, par l'adresse et la douceur.

934. Puisque vos ancêtres ont mérité par leurs belles actions que le roi les ennoblisse, imitez leur exemple si vous ne voulez pas dégénérer.

935. Voilà de la vertu le plus noble exercice:
Veiller, régner sur soi, fuir ou vaincre le vice.

936. Périclès n'a songé qu'à sa propre gloire et à captiver les suffrages d'un peuple toujours prêt de changer.

937. Quelle que cruelles que soient à entendre certaines vérités, si elles sont utiles à votre ami, dites-lui les sans hésiter.

938. Toute entreprise, quand on commence de la mettre à exécution, paraît plus difficile qu'on se l'était figuré.

939. Ni le spectacle des misères, ni le désespoir d'un malheureux auquel il ne reste aucune ressource ne peut fléchir le cœur de l'avare.

940. Les personnes sans caractère sont celles qui promettent davantage et donnent les moins.

941. Quant la providence veut élever ou causer la chute d'un homme, les ailes d'un insecte, un rien, suffisent pour le soutenir, comme un grain de poussière, un atome, suffisent pour le renverser.

942. C'est le courage aveugle qui fait les guerriers vulgaires, mais ce sont le courage et la prudence qui font les guerriers habiles et les capitaines renommés.

943. La pudeur est la grâce la plus touchante qui peut embellir une femme; elle est le gage certain de l'innocence et la vertu.

944. Les paroles qu'on vous a rapporté sont exactement celles que j'ai dit avoir entendu de la bouche même du roi.

945. Les défauts qu'ils ont eu n'ont jamais rendu les hommes autant ridicules comme les vertus qu'ils ont affecté d'avoir.

946. Notre envie dure toujours davantage que le bonheur de ceux que nous envions.

947. La moitié des vivres qu'on avait fait passer dans la place étaient déjà épuisé, et il en restait à peine pour huit jours quant elle s'est vu investi et privé de toute communication avec le dehors.

948. Les voyages sont un genre d'étude que l'on ne supplée pas ni par la lecture ni par les récits qu'on a entendu faire; on se rappelle mieux des coutumes, des lois, des mœurs et des goûts dominant des nations étrangères quand on les a étudié soi-même et qu'on a vécu au milieu d'elles.

949. Lorsque les Francs se sont établi dans la contrée à laquelle les Romains ont donné le nom de Gaule, la nation s'est trouvé composé des anciens Celtes, que César avait subjugué, des familles romaines qui y avaient fixé leur résidence, et de ces

même Francs qui, plus tard, se sont rendu maîtres de tout le pays.

950. Dans les têtes-à-têtes tous les hommes entendent la raillerie et rient eux-même d'une plaisanterie dont ils sont l'objet ; mais dans un cercle c'est tout autre chose.

951. Et n'est-ce point, madame, un spectacle assez doux,
Que la veuve d'Hector pleurante à vos genoux ?

952. Dieu seul nous a arraché, mon père et moi, aux périls éminents à qui nous nous sommes vu cent fois en moins d'une heure prêts à succomber : les flots qui devaient nous engloutir nous jetèrent dessus le rivage, et quant nous ouvrimes nos yeux, une foule de créoles s'empressait à l'entour de nous, et le noir Africain, l'Indien cuivré se mêlait avec une foule curieuse et attendrie sur notre sort.

953. La raison ne s'oppose à aucuns plaisirs honnêtes, à aucune affection que la probité permet, et que l'honneur et la bienséance peut avouer.

954. Quoique nous avons fait de bien, nous serons indignes d'éloges, à moins que nous nous efforcions de faire mieux encore.

955. Les Gracques se sont cru assez puissants pour opérer des changements qu'ils avaient jugé nécessaires, et ils s'étaient imaginé que le peuple les seconderait dans leur entreprise.

956. Rien ne facilite tant la réconciliation parmi deux personnes offensé comme l'inégailité de leurs rang et fortune.

957. Exceptés la justice, la vérité, l'honneur, une ame noble sacrifie tout, ses jours mêmes, à la reconnaissance.

958. Souffrir, vieillir et mourir, voici les plus grands maux de la vie : les richesses ne leur apportent point des remèdes ; mais par elles on tombe plus sou-

vent malade, l'on vieillit plutôt, et on arrive plus vite à la mort.

959. Un historien a les mêmes devoirs à remplir vis-à-vis de la vérité, qu'un magistrat vis-à-vis de la justice.

960. Le plus grand, et peut-être le plus commun de tous les ridicules, est de craindre toujours qu'on nous en trouve dont nous ne nous étions pas aperçu.

961. Accepter les évènements quelqu'ils soient, tirer d'eux les plus grands avantages possibles, est la sagesse pratique de la vie.

962. Ceux qui n'ont pas éprouvé dans leur vie aucuns sentiments affectueux n'en ont pas aussi inspiré.

963. Les véritables rois qu'opprime un sort contraire,
Tous opprimés qu'ils soient, gardent leur caractère ;
Ils sont, dans les fers même, égaux aux plus grands rois.

964. Les grands emplois et hautes dignités sont bien nommé des grandes charges; car c'est plus tôt des fardeaux que des honneurs.

965. Pour suivre et obéir à toute la raison que le ciel a placé en nous, il faudrait que nous puissions unir la simplicité d'un enfant, l'activité d'un jeune homme et l'expérience d'un vieillard.

966. Combien d'hommes, après avoir passé au sein de tous les délices chacun des instants qu'ils ont vécu, se sont repenti, quand ils se sont vu prêts à mourir, de ne s'être pas mieux conduit qu'ils avaient fait.

967. Que fait aux vraies gens de bien que tels gens qu'ils méprisent les haïssent ; ils ne recherchent et ne sont jaloux que de l'amitié des hommes qu'ils estiment.

968. Sachons, quant nous avons fait quelque chose

qui mérite d'être louée, ne pas nous en enorgueillir.

969. La totalité des hommes aiment et font grand cas de la simplicité; quelques uns l'admirent, peu de gens l'adopte, et personne ne lui porte envie.

970. Il n'est que trois à quatre généraux qui n'ont pas répondu à l'espérance qu'on avait cru pouvoir fonder sur eux.

971. L'apparence est un voile sous qui la vérité se dérobe et trompe les regards du vulgaire.

972. Plus d'un fripon s'est trompé l'un et l'autre, et a tombé dans les piéges qu'il avait cru tendre à un moins adroit.

973. La juste et la droite raison est une lumière de l'ame qui ne nous fait jamais voir les choses autrement qu'elles ne sont ; mais en ce monde il y a une foule de nuages qui l'environne et obscurcit.

974. Les différents usages qui se sont établis et se sont succédé chez les peuples, quelques bizarres qu'ils nous semblent, ont eu chacun sa cause et sa raison.

975. Que de conjectures on a formé dont la fortune s'est joué de suite comme pour nous montrer plutôt leur folie.

976. Rien ne décrie davantage la violence des méchants que la modération des gens de bien.

977. Dans les champs de la vie il faut semer des fleurs ;
    Ce sont nous trop souvent qui causent nos malheurs.

978. Les trois grandes dynasties qui se sont succédé dessus le trône depuis la fondation de la monarchie ont donné à peu près quatre-vingt rois à la France.

979. La sagesse qui ne sert à rien en ce monde, est pire que certaines folies qui servent au moins à amuser et à la distraction de la société.

980. Votre feu mère a eu raison de se sentir blessé

du peu de confiance qu'a eu en elle une personne à qui elle avait accordé sa confiance toute entière.

981. Nous marchons tous courbé sous le poids de nos maux,
Aidons-nous l'un et l'autre à porter nos fardeaux.

982. Il y a dans le caractère des femmes des inégalités auxquelles celles même le mieux nées sont le plus sujettes.

983. Le monde durerait cent mil ans qu'on se rappellerait toujours de l'héroïque dévouement des trois cent Spartiates ; il y a des faits de qui le souvenir est impérissable.

984. Auparavant le déluge, Dieu avait ordonné à Noé de faire entrer dans l'arche une couple de tous les animaux.

985. Nos pensées sont la semence de nos actions, et il suffit que nous déracinions une mauvaise pensée pour que nous ne commettions plus une mauvaise action.

986. Pendant ces derniers temps, combien en a-t-on vu
Qui, du soir au matin, sont pauvres devenu !

987. Qui nous loue trop, nous pousse à ne plus rien faire pour l'être.

988. L'on est coupable du mal dont on participe, soit en s'y prêtant ou en y coopérant.

989. Si notre histoire est froide et sèche, comparé aux histoires grecque et romaine, en voilà la raison : l'histoire ancienne est celle des hommes ; l'histoire moderne est celle de deux à trois hommes : un roi, un ministre, un général.

990. Édouard III cédant aux prières et supplications de sa femme, pardonna les nobles habitants de Calais qu'il avait résolu de faire mourir, et qui s'é-

taient dévoué pour assurer le salut de leurs concitoyens.

991. Plus le droit est naturel à l'égard du bien dont on est exclu et plus l'exclusion est révoltant.

992. Les récompenses qu'on accorde à la vertu doivent être proportionné aux services qu'elle a rendu et aux sacrifices qu'il lui en a coûté pour les rendre.

993. Il est vraisemblable que ceux des rois d'Égypte qui ont fait élever les plus hautes pyramides se sont cru les plus grands rois : c'est ainsi que l'on juge vulgairement ce qu'on appelle de grands hommes.

994. Un jour vous rendrez compte au dieu de la nature,
Des tourments qu'a souffert sa faible créature.

995. Que j'aime entendre dans les grandes solennités de l'église ces beaux hymnes auxquels se marient les milles voix des orgues harmonieux.

996. Déplorable famille ! tous les malheurs l'ont frappé à la fois, et comme s'il eut fallu que rien ne manque au désespoir des enfants, leurs père et mère ont succombé à des peines tout-à-fait inconsolables.

997. Quelques soit les hommes qui sont chargés de rendre la justice, il semble qu'ils ont en soi quelque chose qui en impose.

998. La guerre ne s'est pas fait autrefois comme nous l'avons vu faire depuis de Louis XVI.

999. Être indulgent vis-à-vis de tous les hommes et bon pour chaque, est se conduire en philosophe ou plus tôt en chrétien.

1000. C'est du plus haut des cieux d'où descend la clémence;
C'est du fond des enfers d'où monte la vengeance.

1001. Les lierres grimpant à l'entour du rocher et tapissant l'entrée de la grotte, la garantissaient des rayons brûlant du soleil.

1002. Quelque sont les mets avec lesquels on dîne ou avec lesquels on soupe, tout repas est festin quant c'est l'amitié qui le sert.

1003. L'or se glisse à travers des sentinelles armé, et traverse les murailles de pierre plus facilement que le fait le foudre.

1004. Dans les airs aussitôt le trait se fait entendre;
A l'endroit où le monstre a sa peau la plus tendre
Il en reçoit le coup.

1005. Pendant les cinq années que nous avons séjourné en Italie, nous avons visité toutes les curiosités que la nature ou l'art se sont plu à y rassembler.

1006. Cette troupe qui avait montré la veille peu d'ardeur pour aller à l'assaut, en a montré beaucoup le lendemain.

1007. Dieu peuple l'infini chaque fois qu'il respire ;
Pour lui, vouloir est faire ; exister est produire.

1008. Combien d'idées heureuses, de traits de génie ont attendu qu'une idée étrangère les fasse éclore, semblable à ces feux brillant qu'une légère et une rapide étincelle fait éclater.

1009. Tous les délices d'ici-bas sont trompeurs, ceux qui sont réservé au chrétien débarrassé des liens terrestres sont les seuls qui sont vrais et durables.

1010. Ce sont le nombre des habitants et la fertilité du sol qui fait la force et la richesse des nations.

1011. Consacrer le temps des études à l'intelligence des langues grecque et latine à l'exclusion des langues modernes, est, en quelque sorte, immoler l'utile à l'agréable.

1012. Tous les biens qu'il a plu à Dieu de nous envoyer nous les avons accepté avec reconnaissance;

tous les maux dont il nous a frappé, nous les avons supporté avec résignation.

1013. Rendons-nous maîtres de notre esprit, et nous les deviendrons de notre conduite ; arrachons l'ivraie du champ de la pensée, et chaque jour nous serons plus prêts d'atteindre la perfection.

1014. Errant de mer en mer, et cherchant en vain à rentrer dans la contrée que tous ont regretté d'avoir quitté, tous ces marins ont péri misérablement.

1015. Plus les possessions s'étendent et plus les hameaux deviennent rares : des vastes propriétés ne sont que des vastes déserts.

1016. Personne n'oublie ses plaisirs; mais peu d'hommes se rappelle de ses devoirs.

> 1017. Un monstre (loin de nous que faisiez-vous alors ?)
> Un monstre furieux vint infecter ces bords.

1018. C'est leur gloire, plus tôt que le bonheur de leur peuple, que beaucoup de rois ont ambitionné.

1019. Les terrains que nous avons été chargé d'explorer ne renferment pas autant de minéraux qu'on avait pensé.

1020. La vertu est éternelle; l'on la méconnait et l'on l'outrage ; mais jamais, quoiqu'on fasse, l'on ne peut l'anéantir.

1021. Le scandale est toujours fâcheux pour ceux même qui lui ont donné les moins d'occasion.

1022. Le stoïcisme ne nous a pas donné deux Épictète, tandis que la philosophie chrétienne en a fourni un nombre infini qui a poussé la résignation autant loin qu'elle peut aller.

1023. Il est plus d'un plaideur qui se ruine mutuellement pour n'avoir pas voulu de suite entrer en arrangement.

1024. Les premiers pâtres ont étudié la marche ivi par les astres., et s'en sont servi pour diriger ars courses à travers des plaines du désert; voici rigine des sciences mathématiques.

1025. Rappelons-nous toujours des nombreux et s éclatants miracles que le bras de Dieu a opéré ur soutenir son église naissant.

1026. Ce sont le travail et la prière qui peuvent uls affaiblir et nous rendre maître de nos passions.

1027. Voilà trois choses qui contribuent à former iomme estimable : le naturel, l'instruction et les nnes habitudes.

1028. Il est rare de trouver des élèves travaillant ns relâche, profitant de tous les avis et obéissant i moindre signe.

1029. La société est agréable à tous par ce que acun croit y apporter ce qui manque aux autres.

1030. Un grand nombre d'expressions a été banni notre langue sans qu'on n'ait su quels mots leur ostituer.

1031. Les dix années que j'ai passé en province it les années les plus agréables que j'ai vécu; de- is, les peines et les ennuis se sont succédé pour oi sans interruption.

1032. Ne jugez jamais les hommes parce qu'ils di- it, mais parce qu'ils font.

1033. L'on a cru long-temps que ni la force ni l'a- esse ne pouvait pas dompter le caractère féroce tigre; nous avons eu des exemples convaincantes contraire.

1034. Autant d'élèves Socrate fait, et autant hommes distingués il a donné à la Grèce.

1035. Jamais les troubles civils n'ont empêché que s Romains poursuivent avec succès leurs entre- ises, et qu'ils achèvent les conquêtes qu'ils avaient mmencé.

1036. Que de gens n'ont compris les fautes qu'elles

ont fait que quant il n'a plus été temps de leur porter remède.

1037. C'est plus tôt par le peu de prudence qu'ils
ont montré que par l'abandon de la fortune que les
conquérants ont vu s'écrouler leur puissance.

1038. Craignons davantage la louange aveugle que
la critique sévère : la première voile nos défauts ; la
deuxième nous les montre et les fait connaître.

1039. Beaucoup de peuples se sont aperçu, mais
trop tard, qu'en croyant se donner des alliés, ils
s'étaient donné des maîtres.

1040. Que ceux qui servent leur prince ou leur
patrie soient armé pour une bonne ou une mauvaise
cause, leur gloire personnelle est sans tache, et toujours elle doit être proportionné aux efforts qu'elle
aura coûté.

1041. Ne faut-il pas avoir un esprit étroit plus tôt
que vaste pour aimer mieux attribuer au hasard la
multitude des chef-d'œuvre qui composent le monde
que de consentir de tout voir par les yeux de la foi ?

1042. Il est douteux qu'Annibal ait conquis le midi
de la Gaule, s'il n'eût pas mis la division entre les
Gaulois.

1043. Si les hommes ne suivaient que la lumière
de la raison, ils s'éviteraient bien des chagrins.

1044. Les Guise ont eu tous autant de courage
comme d'ambition ; mais l'espérance qu'ils avaient
conçu les a trahi.

1045. Il est des hommes qui ont montré une si
haute vertu, qu'ils se sont fait estimer par leurs ennemis même, et qu'ils leur ont arraché des éloges.

1046. Les excès ont ruiné davantage de santés que
la médecine en a rétabli,

1047. Prêtresses, disposez la pompe solennelle,
    Par qui mes jours heureux vont commencer leur cours.

1048. Il ne faut qu'un mois pour ravager une province, il faut dix ans pour la fertiliser et rendre féconde; l'on admire cependant davantage celui qui l'a ravagé que ceux qui l'ont rendu fertile.

1049. Nos ressources suffisant à nos besoins, tous les avantages que la fortune s'est plu à nous offrir, nous les avons dédaigné et abandonné à des moins heureux.

1050. Ceux qui ont davantage d'égards pour les nouveau-venu que pour leurs anciens amis finissent par être délaissé de tout le monde.

1051. Ces opéra n'ont pu être exécuté par ce qu'il manquait deux alto et plusieurs basse-taille, pour lesquels les duo et les trio avaient été écrit.

1052. Ceux qui dans la postérité ont imaginé qu'ils n'avaient pas besoin des conseils, sont des fous que personne n'a plaint, quand ils ont tombé dans l'infortune.

1053. C'est les chefs-d'œuvre que la France a produit qui ont popularisé sa langue, et l'ont rendu familière à tous les peuples.

1054. Après tous les ennuis que ce jour m'a coûté,
Ai-je pu rassurer mon esprit agité ?

1055. Pauvres exilés! combien d'années vous avez gémi loin du sol qui vous a vu naître! Vous seriez consolé sans doute des maux que vous avez souffert si vous étiez assuré d'y mourir.

1056. Je doute, si les Gaulois avaient cru pouvoir se maintenir dans Rome, qu'ils se soient contenté d'exiger un tribut de ceux qu'ils avaient vaincu.

1057. Les tribus des Osages errant pendant l'hiver, joignent pour leur nourriture, avec les produits abondant de la chasse, le peu de productions qu'ils ont amassé durant l'été.

1058. Quoi que le ridicule domine partout, les choses du monde ne sont faites, quelles que peu importantes qu'elles sont, que pour être traité sérieusement.

1059. Moïse échappa par une protection toute divine à la mort, à laquelle un édit du cruel Pharaon avait condamné tous les enfants nouveau-né des Hébreux.

1060. Le peu de vivres qu'on a conservé ou recueilli est porté à un prix qui effraie l'indigence, et qui pèse même à la richesse.

1061. Quand des honnêtes gens, qui ont fait tout le bien et rendu tous les services qu'ils ont pu, tombent dans l'indigence, entre ceux qu'ils ont comblé de bienfaits, il s'en trouve plus d'un qui se croient dispensé des devoirs de la reconnaissance.

1062. Pendant tout le cours de ce règne orageux, le peuple, quoi que souffrant et malheureux, supporta son sort avec patience et avec résignation.

1063. Que de regrets nous ont coûté les plaisirs auxquels nous nous sommes abandonné pendant les plus belles années que nous avons vécu.

1064. Les Lazaroni vont nus pieds et presque sans vêtements : un grand nombre habite en plein air ; il passent la nuit dessous des portiques, des avants-toit ou des quartiers de roches ; pendant le jour ils restent étendus à l'ombre, et ne travaillent jamais à moins qu'un excessif et un impérieux besoin les y force.

1065. La Grèce en ma faveur est trop inquiété,
De soins plus importants je l'ai cru agité.

1066. Ceux qui se sont persuadé que le hasard réglait tout ici-bas, ont rarement fait pour réussir les efforts qu'ils auraient dû, et se sont plaint du sort quand ils ne devaient se plaindre que de soi-même.

1067. Le courage et l'intrépidité (680) que les Grecs ont montré quand ils ont vu les Perses fondre sur eux, les ont sauvé du plus grand des périls qui pouvait alors les menacer.

1068. Les choses ne sont jamais passé de notre imagination à la réalité sans qu'il n'y ait eu de la perte.

1069. Sur les flots écumant de la plaine azurée,
Alors sont apparu deux reptiles hideux,
Se dressant, perçant l'air de leur langue acérée,
De leurs anneaux mouvant fouettant l'onde autour
d'eux.

1070. Il y a peu de gens qui se sont séparé à l'amiable d'avec la fortune, presque tous ont tombé en même temps que les objets sur lesquels ils s'étaient élevé.

1071. Malgré tous ses efforts, il frémissait tout bas
Qu'on applaudisse en lui les vertus qu'il n'a pas.

1072. L'envieux s'isole sur la terre, tandis que l'homme bienveillant s'y multiplie ; celui-ci rapporte tout à soi, celui-là tout à ses semblables ; il n'y a pas de prospérité qui n'est un tourment pour l'envieux, pas de succès qui ne réjouit l'homme bienveillant.

1073. Là se presse une foule d'hommes mourant, frissonnant d'une sueur glacé, et soutenant à peine leurs corps dévoré par des ulcères brûlant.

1074. Ce prince a traité avec autant d'humanité qu'il a pu tous les prisonniers qu'il a fait ; aussi tous l'ont béni et se sont efforcé de lui prouver la reconnaissance que leur a inspiré une aussi noble conduite.

1075. Les soins que nous a coûté cette affaire n'ont pas été perdu ; nous avons réussi au-delà des espérances que nous avions conçu.

1076. La nymphe qui s'était caché dessous des arbres épais, était ravi qu'on la cherche, et plus ravie encore qu'on ne puisse la trouver.

1077. Les prétoriens ne se sont jamais montré disposé à tenir long-temps les serments qu'ils avaient prêté aux déplorables empereurs qu'ils se sont donné.

1078. Les hommes généreux mettent dessous leurs pieds les faveurs qu'ils ont accordé, et dessus leur cœur celles qu'ils ont reçu.

1079. Un roi qui peut sans peine s'assurer de cent milles bras ne sait pas toujours s'assurer d'un cœur, quoi que, s'il savait s'y prendre, [cela lui soit très facile.

1080. Quelques stoïciens ne se contentaient pas de souffrir avec patience les maux auquel ils étaient en butte ; ils les insultaient mêmes par des piquantes railleries.

1081. Au départ de ses fils, ce déplorable père
      Ne sut pas de leur songe expliquer le mystère.

1082. L'état social n'est qu'un chaos bizarre, quant ce sont la volonté d'un tyran ou le caprice populaire qui y dictent des lois.

1083. L'on doit éviter les reproches à ceux qui ont fait, pour remplir et s'acquitter des devoirs qu'on leur avait imposé, tous les efforts qu'ils ont pu.

1084. Dans le désordre où la cité s'est vu livré, nos magistrats n'ont pas pris les mesures énergiques qu'on avait cru qu'ils prendraient.

1085. Il y a des aveugle-né que la plus éclatante lumière ne pourrait tirer de la triste et la profonde obscurité où ils sont plongé.

1086. La pudeur de ceux qui accordent des louanges est toujours soulagé par l'amour-propre de ceux à qui elles sont adressé.

1087. Les princes qui se sont arrogé une autorité sans limites se sont vu souvent dépouillé de la puissance qu'on leur avait confié.

1088. Il est rare qu'un inférieur ne reçoive pas les

contre-coup des réprimandes que son supérieur a eu à souffrir.

1089. Les nations barbares qui sous le nom de Goths ont inondé l'empire, se sont emparé de toutes les Espagnes; elles y ont établi différents gouverneurs qui se sont rendu indépendants et se sont érigé en petits souverains. Bientôt l'intérêt ou la haine les ont divisé, et la mollesse a achevé de les perdre.

1090 Il y a des personnes qui ont l'air tristes lorsqu'elles sont les plus heureux; et d'autres, au contraire, qui ont l'air enjoués quant ils sont les plus affligés.

1091. Que d'hommes auxquels un revers inattendu a ravi la certitude qu'ils avaient cru avoir acquis de passer leur vieillesse au sein d'une tranquillité et d'un repos profond.

1092. C'est durant le règne de Charles IX, dans la nuit du 24 août quinze cents soixante-douze, où le massacre de la Saint-Barthélemy a eu lieu.

1093. Rien ne remplit plus agréablement la vie qu'une occupation et un travail réguliers; car en général, moins nous avons affaire et plus l'ennui a de prise sur nous.

1094. Cornélie, mère des Gracques, et Aurélie, mère de Jules-César, présidaient chacune à l'éducation de ses enfants.

1095. La mésintelligence qui a éclaté parmi les deux chefs a eu pour l'armée les résultats le plus funestes : les désordres qui s'en sont suivi l'ont découragé et en quelque sorte désorganisé toute entière.

1096. La France était en guerre avec l'Angleterre quant Henri II monta dessus le trône; ce prince là continua glorieusement, et la termina par une paix avantageuse.

1097. Ne vous souvient-il plus, seigneur, quel fut Hector ?
Nos peuples affaiblis s'en rappellent encor.
Son nom seul fait frémir nos veuves et nos filles ;
Et, dans toute la Grèce, il n'est point de familles
Qui ne demandent compte à son malheureux fils
D'un père ou d'un époux qu'Hector leur a ravis.

1098. L'on compte un grand nombre d'hommes distingués entre les sourd-muet, qu'on a initié à la langue merveilleuse que les l'Épées, les Sicards ont inventé et perfectionné.

1099. Un grand nombre d'hommes forme des vastes projets, mais il y en a bien peu qui savent les exécuter.

1100. Quelle est la mère qui n'a pas à son insu de la faiblesse pour ses enfants?

1101. Combien de courtisans, occupé tout entiers à nourrir dans le cœur de leur maître les penchants malheureux qu'ils y avaient fait naître, ont trafiqué de sa gloire et se sont enrichi de son indifférence à la soutenir !

1102. N'accusons pas la fortune, disait Pompée ; il y a peu d'hommes qu'elle a favorisé tant que moi ; parce qu'elle ne m'avait jamais abandonné, beaucoup de gens ont cru que je l'avais maîtrisé ; ils se sont trompé.

1103. Louis XII disait : Les Grecs ont fait peu de choses, mais ils ont anobli le peu de choses qu'ils ont fait par la sublimité de leur éloquence ; les Français ont fait des grandes choses, mais ils ne les ont pas su décrire ; les seuls Romains ont eu le double avantage de faire des grandes choses et de les célébrer dignement.

1104. Herculanum et deux villes voisines ont disparu ; Lisbonne a été englouti presque toute entière l'Islande a été couvert de cendres, et une nouvelle terre est apparu à ses côtés ; Messine et la Calabre ont été bouleversé : dans ces grands événements les peuples ont reconnu la main qui les a frappé. Dieu ne s'est pas servi alors des éléments selon les lois qu'il a posé, sans doute ; mais sa main avait disposé ces différentes terres de manière qu'elles éprouvent les terribles et les funestes catastrophes qu'elles ont subi.

1105. La vieillesse attristant aux yeux de beaucoup de gens qui eux-même y ont atteint sans s'en douter, n'est pour les sages qu'un port où, se trouvant enfin à l'abri des tempêtes, ils aiment se rappeler des dangers qu'ils ont couru.

1106. Les grands monuments de l'Égypte ne sont pas ces hautes et ces fastueuses pyramides qu'a élevé l'orgueil, mais ces puits que Joseph a fait creuser et cette bibliothèque qu'ont fondé les Ptolémée, et qu'ils ont livré aux travaux des savants qui se sont succédé jusqu'au temps où elle a été détruit.

1107. C'est des plaines de la Chaldée d'où sont sorti les premières colonies ; quelques-unes ont peuplé d'abord l'Égypte et les Indes ; les autres, dispersé dans des terres plus ingrates, sont tombé dans une barbarie dont on ne les a vu sortir que long-temps après.

1108. Parmi les quadupèdes originaires de l'Asie et appartenant aux climats tempéré de cette vaste région, le musc est particulièrement remarquable. Cuvier l'a rangé dans la classe des mammifères ruminant Tous les efforts qu'on a fait pour le naturaliser en Europe ont été inutiles. Le musc a la tête effilé et saillant à la hauteur des yeux ; ses oreilles sont rapproché l'une de l'autre et planté droites sur le sommet de la tête. Ses poils, blancs à la racine, bruns-fauves au milieu et bruns-foncés à l'extrémité, sont cassant au lieu d'être flexibles comme ceux de tous les autres quadrupèdes.

1109. Nous avons découvert dans l'habitude un pouvoir souvent égal à celui de la nature ; mais nous n'avons pas tiré d'une pareille découverte tous les avantages que nous aurions pu.

8*

1110. Les événements qui se sont succédé depuis quarante années ont rendu notre siècle beaucoup plus intéressant pour le philosophe et l'historien que tous ceux qu'ils ont pu étudier auparavant.

1111. Ne cesserez-vous jamais, disait Démosthènes aux Athéniens, de vous demander les uns et les autres : Que dit-on de nouveau? Peut-on vous apprendre quelque chose de plus extraordinaire que celle que vous voyez? Les Macédoniens se sont rendu maîtres des Athéniens et nous ont imposé la loi qu'ils ont voulu. Que vous importe que Philippe se porte bien ou mal, vit ou meurt? Quand le ciel vous en aurait délivré, vous vous seriez bientôt fait vous-même un deuxième Philippe.

1112. Quant un général romain, auparavant de livrer bataille, avait fait vœu de se dévouer pour le salut de l'armée, il fallait qu'il soit accompli; et s'il arrivait, malgré qu'il ait affronté les plus grands périls, qu'il survive à sa gloire, les exécrations qu'il avait prononcé contre soi-même, et qu'il n'avait pas expié par sa mort, le fesaient regarder comme un homme en horreur aux dieux; il lui devenait alors impossible de pouvoir leur offrir aucuns sacrifices à moins qu'il ait auparavant effacé cette tache, et qu'il se soit purifié en consacrant ses armes soit à Vulcain ou à tout autre divinité.

1113. Il est dans le caractère toujours inquiet des hommes, attendu la faiblesse de leur esprit, le peu d'étendue de leurs connaissances et l'instabilité de leur désir, de douter toujours que le bien qu'ils ont peut être le mieux pour eux. Quelque soient les objets qu'ils désirent, ils leur apparaissent, quant ils les fixent, dessous une forme autant séduisante que mensongère; quant à ceux de qui ils jouissent, ils sont dégoûté d'eux, quelle qu'avantageuse d'ailleurs que soit leur possession, du moment qu'ils se sont persuadé ou qu'ils ont imaginé que d'autres objets qu'ils n'ont jamais ni connu ni apprécié, pouvaient leur procurer des plus grands ou des nouveaux avantages.

1114. Tous les vents sortant en foule et se précipitant de leurs noires et de leurs profondes cavernes , se sont élancé sur la mer, et ont excité la plus épouvantable tempête. Le jour est disparu tout d'un coup; des épais nuages dérobant le ciel à notre vue nous ont plongé dans les ténèbres le plus épaisses. Le foudre grondant au midi , les éclairs sillonnant à chaque instant les nuages, les aquilons luttant contre le navire, les cris déchirant des femmes tremblant de se voir englouti ou frappé du tonnerre , tout enfin remplit de terreur les ames les plus fermes et enleva aux matelots le peu d'énergie qu'ils avaient montré d'abord.

1115. Une des plus grandes dispositions à être ami de tous les hommes, est de se vaincre au point de n'en jamais haïr aucuns. De toutes les passions qui peuvent entrer dedans notre âme, la plus funeste est la haine. Pourquoi se laisser aller à l'aversion vis-à-vis d'un homme ? Si nous ne pouvons pas ni l'aimer, ni estimer, détournons de lui nos yeux ou ne les fixons qu'avec indifférence ; car s'il souffre de la haine que nous avons conçu contre lui , nous ne souffrons pas moins de l'avoir laissé naître dans notre sein.

1116. Ce qui fait le prix et la gloire d'une victoire, sont les obstacles qu'il a fallu surmonter pour la remporter. Ce n'est pas toujours les victoires le plus éclatantes qui procurent davantage de gloire, mais la science qu'on a déployé dans le combat , et les talents reconnus des généraux qu'on a eu à combattre. Il y a même des généraux qu'on a regardé comme de très grands capitaines, quoiqu'ils n'ont pas gagné de batailles ; tels sont l'amiral de Coligny et le prince d'Orange. Commandant des armées sans discipline et divisées de vues et d'intérêts, la victoire leur était presque impossible ; mais la manière habile dont ils se sont tiré de leur défaite a mis leur science militaire dans tout son jour, et la réputation qu'ils ont eu de leur vivant, la postérité l'a confirmé par ce qu'elle était justement acquis.

1117. Les contrées de l'Orient sont en général les seules qui sont exposé aux ravages exercé par les sauterelles. Ces insectes sont arrivé souvent en troupes si considérables dans les pays sur qui ils se sont abattu que partout où ils sont passé ils ont, comme l'auraient fait les nuages les plus épais, dérobé à tous les yeux la lumière du soleil En seize cents-treize, des immenses essaims de sauterelles ont infecté la France pour la première fois; c'est auprès d'Arles où elles ont exercé davantage de ravages; dans les campagnes avoisinant cette ville. et dans les lieux environnant, elles ont détruit plus que vingt mille arpents de blé.

1118. Les peines que se sont donné les grands navigateurs auxquels sont dû les découvertes qu'ont fait les nations modernes, ne leur ont pas attiré les récompenses que chacun d'eux eût mérité, et que tous sans doute avaient espéré obtenir. L'on peut même dire, qu'exceptés quelques uns, ils ont été payé par une ingratitude telle, que les rois qui ont si mal reconnu les services qu'ils leur ont rendu, sont impardonnables aux yeux même des hommes le plus indulgents.

1119. Rome parvenu au faîte de la grandeur s'est perdu elle-même par la corruption, le luxe et des folles profusions. Avec des désirs immodérés chacun fut près de commettre tous les attentats, et, comme le dit Salluste, on vit tout d'un coup apparaître une génération audacieuse qui n'ayant aucune ressource, ne pouvait souffrir que d'autres en aient. Sylla dans son expédition d'Asie accoutuma l'armée aux rapines, et lui créa des besoins qu'elle n'avait jamais connu; rentré à main armée dans Rome, le partage qu'il fit à ses soldats des propriétés que les citoyens avaient acquis et de qui ceux-là s'étaient cru la possession garanti par les lois existant, rendit les légions si avides qu'il n'y eut aucun homme de guerre qui ne prétendait pouvoir usurper et s'emparer des biens de ses concitoyens. Dans une pareille position il fallait nécessairement que la république succombe et périsse, et ce fut là en effet ce qui arriva.

1120. Les siècles semblent avoir chacun sa fatalité. En général ils sont moins apprécié par les efforts qu'ils ont fait qu'ils ne sont par les résultats qu'ils ont obtenu. Tous ceux à qui la fortune a manqué ont demeuré obscurs malgré qu'ils se sont livré à des utiles travaux. Il faut le reconnaître, ce n'est point les généreuses tentatives et les nobles essais que l'histoire s'est plu jusqu'à ce jour à inscrire et enregistrer dans ses fastes; ce dont elle a seulement tenu compte sont les succès. Cependant les chef-d'œuvres qu'ont enfanté les dix-septième et dix-huitième siècles ont été préparé par les siècles qui les ont précédé; et on pourrait dire avec justice que ceux-ci ne se sont donné d'autre peine que d'achever et mettre la dernière main à l'œuvre que ceux-là avaient conçu, commencé et élaboré en grande partie.

1121. C'était au fond de l'Afrique, auprès de ces bords dont les rayons brûlant du soleil embrasent et calcinent le sol, où Méduse tenait son empire. Les premiers serpents que la nature produisit naquirent dedans son sein; c'est de sa bouche hideuse que sortirent pour la première fois leurs sifflements aigus et d'où s'élancèrent leurs dards flamboyant. Ils se déployaient les uns les autres sur son dos comme l'eut fait une longue et une épaisse chevelure, et la Gorgone aimait les sentir flottant sur ses épaules. A l'entour de son front se dressaient des couleuvres entrelacé, et ses cheveux étaient dégouttant du venin de plus que mille vipères. Son regard frappait tous ceux

qui la fixaient d'une mort qu'ils n'avaient pas ni le
temps de craindre ni de prévoir. Leurs corps étaient
pétrifié auparavant que l'ame en soit détaché. Ni le
père de Méduse, ni sa mère Céto ne pouvait la regarder ; aucuns animaux ne soutenaient sa vue ; les serpents même couronnant sa tête se repliaient en arrière
pour éviter son aspect. Quand aux oiseaux qui tra-
versaient le ciel, tout d'un coup ils tombaient trans-
formé en cailloux quant ils l'avaient aperçu. Enfin,
ce fut ses regards qui transformèrent en montagne ce
puissant Atlas qui soutenait le ciel dessus ses épaules.

1122. Les quatre âges de la littérature sont ceux
où les lettres ont parvenu au plus haut degré de perfection qu'elles ont atteint chez tous les peuples. Le
premier a commencé dix ans auparavant le règne de
Philippe, père d'Alexandre. L'éloquence, ainsi que
la poésie, ont alors déployé toute leur magnificence.
La tribune et le théâtre d'Athènes virent paraître les
Démosthènes et les Sophocles, et Athènes devint si
florissant que de tous les points du monde on y ac-
courait pour étudier sa langue et ses chef-d'œuvre.
Le second âge fut celui d'Auguste. Une foule d'écrivains illustres s'est disputé durant son règne l'honneur d'immortaliser le siècle qui les avait vu naître.
Horace sut dans ses odes unir la délicatesse d'Ana-
créon, la chaleur de Sapho et l'impétuosité de Pin-
dare. La justesse de ses pensées empruntait une nouvelle grâce à celle de ses expressions. De tous les
poètes latins, c'est celui dont on peut dire, avec le
chevalier d'Aguesseau, que plus on le goûte, et plus
on fait des progrès dans les lettres. Virgile, son con-
temporain et ami, sans lui être supérieur, est davantage célèbre. Voltaire a dit que le plus bel ouvrage dont on est redevable à Homère, était Virgile.
C'est faire en quelque mots le plus grand éloge du
poète latin. Nous nous contenterons de rappeler ici
les Catulles, les Tibulles, sans parler d'une infinité

d'autres poètes qui est connu par tous ceux qui cultivent et s'occupent de littérature. Quels dons nécessaires à un orateur la nature n'a-t-elle pas prodigué à Cicéron? Doué d'une riche et d'une brillante imagination, d'un esprit vif et pénétrant, d'une élocution tour à tour élégante et harmonieuse, énergique et concise, enfin d'une voix agréable et sonore, il sut réunir les talents de Périclès au génie de Démosthènes, et, émule toujours heureux de ces deux grands orateurs, il parvint quelquefois à les surpasser l'un l'autre. Après cette époque brillante, la nature a paru comme épuisé des efforts qu'elle avait fait pour produire autant de grands hommes, et elle s'est reposé jusqu'au pontificat de Léon X. Dans ce siècle, le troisième âge de la littérature, les arts et les lettres refleurirent : chassé alors de Constantinople par des barbares vainqueurs, ils se sont réfugié en Italie ; et la généreuse hospitalité qu'ils y ont reçu la leur a fait adopter comme une deuxième patrie. Savants, poètes, littérateurs, artistes, tout le monde eurent part aux libéralités de Léon X, qui ne voulut pas que l'Arioste soit exclu du nombre de ses protégés. Le quatrième âge, le siècle de Louis XIV, est peut-être celui qui approche davantage de la perfection. En presque tous les genres il a fait plus, à lui seul, que les trois autres ensemble ont fait dans chaque. Peut-être les arts n'ont-ils pas été poussé plus loin que sous les Alexandres, les Augustes et les Médicis, mais la raison s'est agrandi, perfectionné, et s'est ouvert des nouvelles routes vers la lumière et la vérité : ce n'est que dans ce temps-là où la saine philosophie a commencé d'être connu ; il s'est opéré dans nos arts, nos esprits et nos mœurs une révolution dont l'influence s'est fait sentir dans l'Europe toute entière, et a presque complétement changé sa face.

1123. L'on appèle Bible des Septante celle qu'ont

traduit en grec, environ trois cent ans auparavant
Jésus-Christ, soixante-douze interprètes, à la demande d'un des Ptolémée (1). Ce prince, qui n'épar-
gnait rien pour augmenter la nombreuse et la magnifique bibliothèque qu'il avait fondé à Alexandrie,
avait confié sa direction à Démétrius de Phalère, en
lui enjoignant d'exhumer de tous les points du globe
les ouvrages le plus remarquables et le plus curieux.
Celui-là ayant été informé que les Juifs avaient des
livres contenant les lois que Moïse leur avait donné,
en avertit de suite le roi, qui adressa une lettre au
grand-prêtre Eléazar, en le suppliant de choisir dans
les douze tribus les six hommes de chaque qu'il ju-
gerait le plus capables de traduire l'ouvrage en grec.
Eléazar, après avoir reçu la lettre de Ptolémée qu'ac-
compagnaient des magnifiques présents, ordonna
aussitôt qu'on fasse une copie de la loi de Moïse,
écrite en lettres d'or ; puis ensuite il fit partir pour
Alexandrie six des anciens de chaque tribu, c'est-à-
dire soixante-douze interprètes, d'un savoir et d'une
habileté éprouvé. Le roi fit à ces savants étrangers
un aimable et un gracieux accueil ; il compta d'abord
trois talents à chaque, et les envoya à l'île de Pharos,
auprès d'Alexandrie, afin qu'ils y puissent exécuter
plus tranquillement une entreprise qu'il aurait déjà
voulu voir terminé. Ils habitèrent là une maison que
le prince leur avait fait préparer. Démétrius de Phalère, qui les y avait accompagné, participa de tous
leurs travaux. Quand une période était traduit, elle
était lu, discuté, arrêté et écrit par lui. L'œuvre qui
leur avait été confié fut ainsi achevé toute entière
en soixante-douze jours. La traduction fut lu ensuite
au roi, qui lui donna son approbation, et renvoya
dans leur patrie les interprètes, après les avoir com-

---

(1) Ptolémée Philadelphe.

blé de présents. Tel est le précis exact de la relation que nous a donné Aristée, relation que quelque modernes ont traité de fable. Saint Jérôme pense que les Septante n'ont traduit seulement que les cinq livres de Moïse. Quoiqu'il en soit, leur version existe; c'est de cette traduction dont s'est servi l'Église pendant les premiers siècles, et c'est encore celle employée aujourd'hui dans les églises d'Orient.

FIN DES EXERCICES FRANÇAIS SUPPLÉMENTAIRES.

TABLE DES MATIÈRES.

—

FIN DE LA TABLE.